名画で読み解く

プロイセン王家 12の物語

中野京子

光文社新書

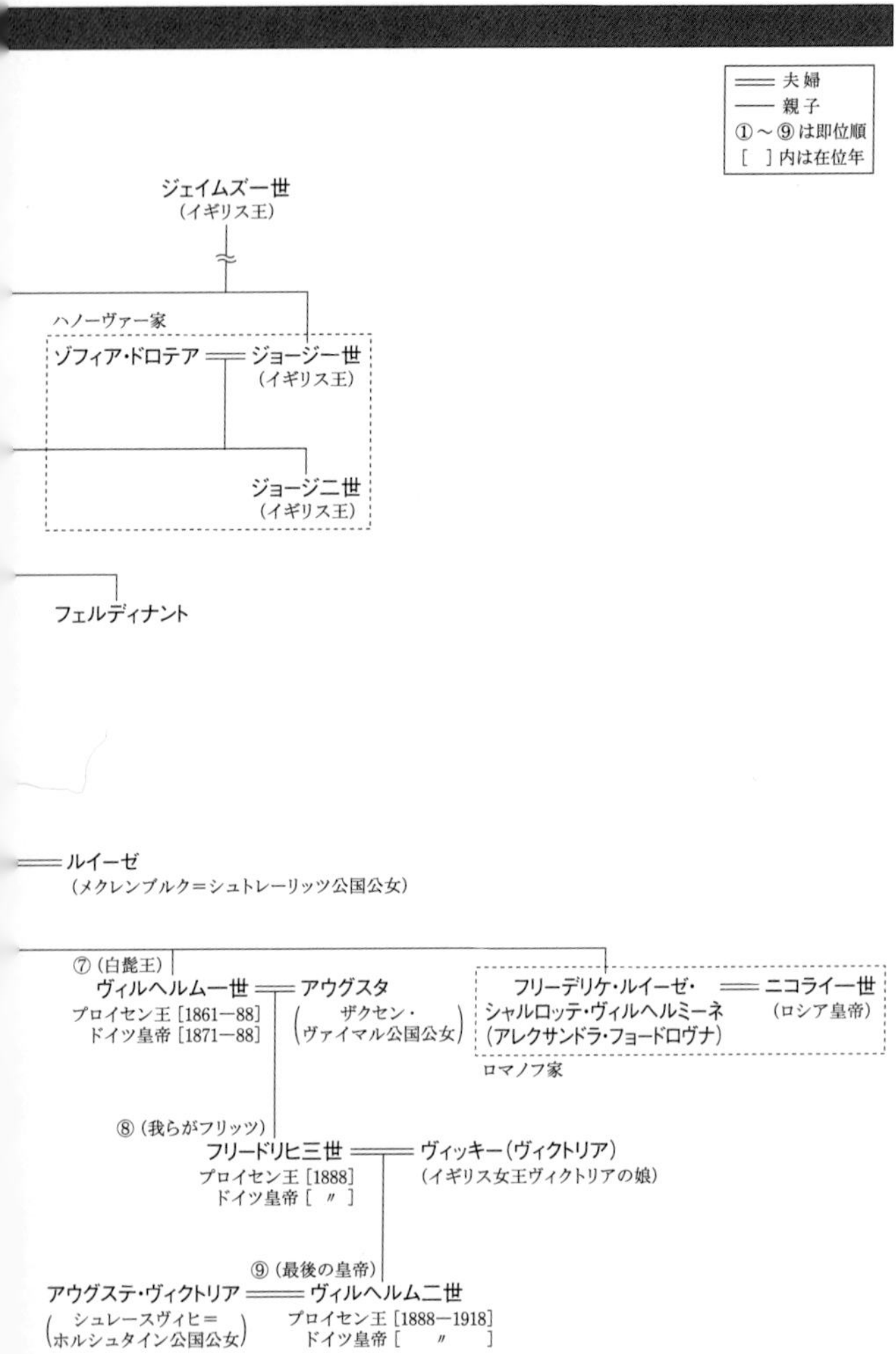
══ 夫婦
── 親子
①～⑨は即位順
[ ]内は在位年
ジェイムズ一世
（イギリス王）
ハノーヴァー家
ゾフィア・ドロテア
ジョージ一世
（イギリス王）
ジョージ二世
（イギリス王）
フェルディナント
ルイーゼ
（メクレンブルク＝シュトレーリッツ公国公女）
⑦（白髭王）
ヴィルヘルム一世
プロイセン王［1861―88］
ドイツ皇帝［1871―88］
アウグスタ
（ザクセン・ヴァイマル公国公女）
フリーデリケ・ルイーゼ・シャルロッテ・ヴィルヘルミーネ
（アレクサンドラ・フョードロヴナ）
ニコライ一世
（ロシア皇帝）
ロマノフ家
⑧（我らがフリッツ）
フリードリヒ三世
プロイセン王［1888］
ドイツ皇帝［〃］
ヴィッキー（ヴィクトリア）
（イギリス女王ヴィクトリアの娘）
⑨（最後の皇帝）
アウグステ・ヴィクトリア
（シュレースヴィヒ＝ホルシュタイン公国公女）
ヴィルヘルム二世
プロイセン王［1888―1918］
ドイツ皇帝［〃］

ホーエンツォレルン家系図（抄）

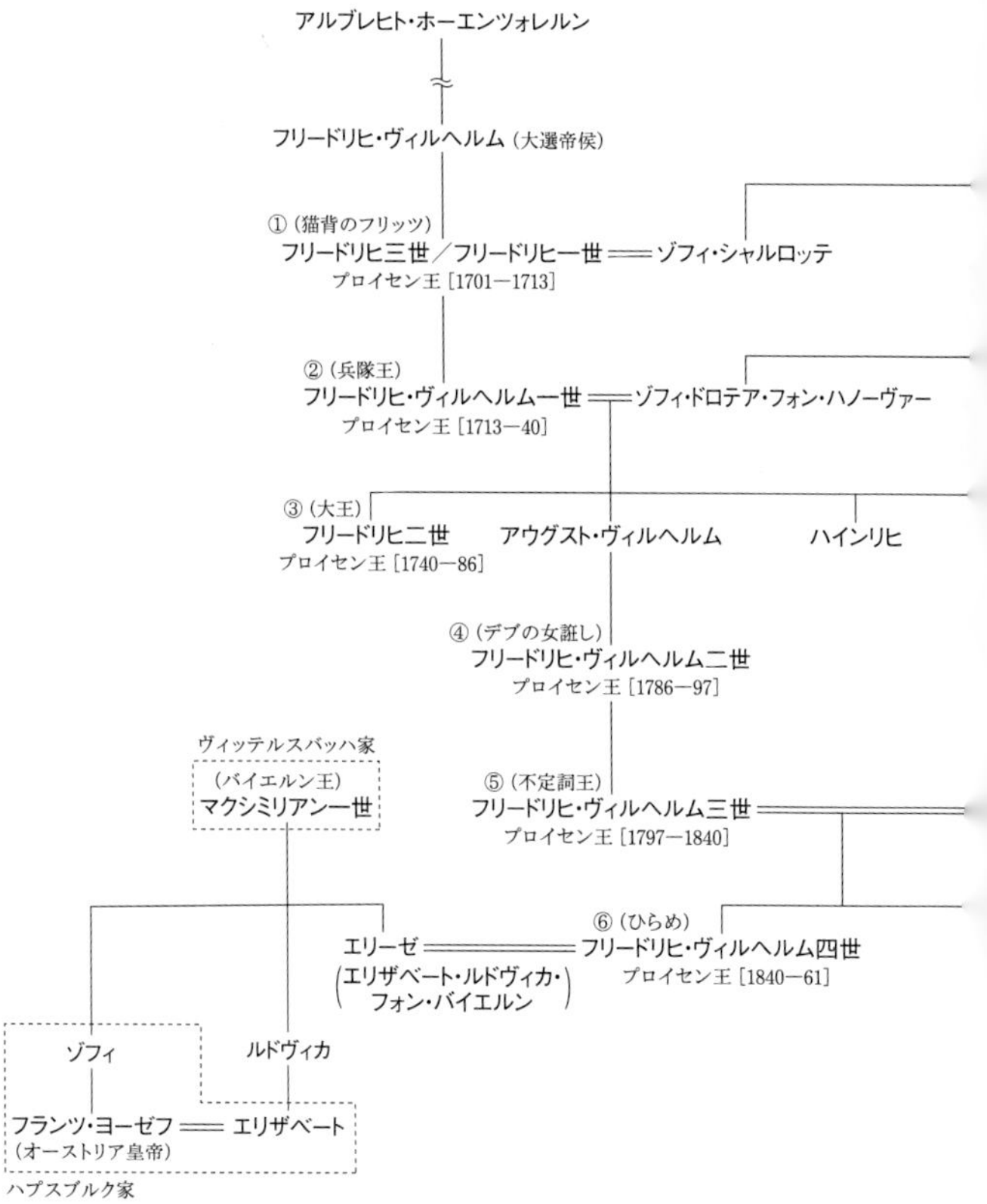

タケへ

名画で読み解く　プロイセン王家　12の物語

目　次

序章

プロイセン王国の旗

ドイツに対する漠然としたイメージは、森、音楽、質実剛健、金髪碧眼《へきがん》、勤勉、科学技術、ナチス、移民、加えてユーモアの欠如、といったところか。

最後の点に関しては、かなり笑えるジョークがある。


「世界一薄っぺらな本は？」

「ドイツユーモアの二千年」


このジョークの作者がドイツ人なら、ユーモアの欠如という指摘はあたらないだろう。

もう一つ、欠如していたわけでもないのに忘れられがちなのは、ドイツ統一を果たしたプロイセン（＝プロシャ）の王朝ホーエンツォレルン家だ。プロイセン即ちホーエンツォレルン家であるにもかかわらず、ホーエンツォレルンの知名度は決して高くはない（それでやむなく本書も『ホーエンツォレルン家　12の物語』ではなく、『プロイセン王家　12の物語』とした次第）。

ホーエンツォレルン（Hohen Zollern）というドイツ語の発音自体が難しく、記憶に残りにくい上、ハプスブルクやブルボンのように美女がおおぜい活躍した王家と比べ、いかつい軍人王が主で、大スターはフリードリヒ二世（＝フリードリヒ大王）とビスマルクのみ、というのも華やかさの足りない要因かもしれない。

だがこのホーエンツォレルン家こそが、現代ヨーロッパ地図の原型を作ったのだ。何世紀も神聖ローマ帝国傘下にあり、三百もの中小「主権国家」群（王国、公国、領邦など）に分裂した状態（日本の戦国時代の群雄割拠に近い）だったドイツが、ホーエンツォレルン家歴代当主たちの奮闘により十九世紀にやっと一つにまとまり、しかもその際、本来の同胞（同じゲルマン民族）たるハプスブルク家を排除する形で独立し、世界最強国の一角に喰い込んだのだ。

近隣諸国から見れば腹立たしいことだったろう。それまではたくさんの小さな島が浮く比較的静かな湖だったのに、気づくと島々は全てくっつき、危険きわまりない荒々しい巨大な岩山と化していた。湖で自由に釣りもできなくなった、どうしてくれる、というわけだ（ドイツの知ったことではない）。

そんなホーエンツォレルン王朝の第一歩は、一七〇一年。スペイン継承戦争勃発《ぼっぱつ》時、当主がハプスブルク家の陣につくことを約束したおかげで、中規模の「公国」から小なりといえども「王国」への格上げに成功した（王朝の始まり）。ここを起点にさらに力をつけ、他の領邦を吸収してドイツ帝国を形成するに至ったが、第一次世界大戦によりハプスブルク王朝、ロマノフ王朝、オスマン王朝同様、瓦解《がかい》した。九代、二百十七年間の短い光芒《こうぼう》だった。

短いが、しかしハプスブルク王朝消滅後のオーストリアの急激な衰退ぶりに比べ、ドイツは第二次世界大戦をも乗り超えて、現在もなお大国の座を保っている。ホーエンツォレルン家なくしてはあり得なかったろう。

プロイセン人

ホーエンツォレルン家（当初の家名は土地の名からとったツォレルン家）の勃興は十一世紀なので、ハプスブルク家と同じほど古い。ただし前者は後者の何周分も遅れを取った。ハプスブルクの分家スペインが世界中に領土を拡《ひろ》げ、「日の沈まぬ国」へと驀進《ばくしん》中の十六世紀、ホーエンツォレルン家はようやくプロイセン公国を樹立したばかりという有り様（人材不足か）。

ハプスブルク家がスイスで生まれ、ウィーンへ移住して花開いたように、ホーエンツォレルン家も最初からプロイセンを本拠地としていたわけではない。まずはドイツ南西部シュヴァーベン地方の豪族として立ち、少し力をつけたころ——十一世紀半ば過ぎから十三世紀のどこかの時点で——海抜八百五十メートルほどのホーエンツォレルン山の頂《いただ》きに築城し、ついでにホーエン（「高い」の意）ツォレルン家へと家名を変更した。

　ちなみにこの初代ホーエンツォレルン城は、十五世紀半ばの戦乱で完全に破壊。まもなく同じ場所に再建された二代目はハプスブルク家に奪われ、十八世紀末には打ち捨てられて廃墟となる。それを建て直して現今の三代目の美城にしたのは、十九世紀のプロイセン王フリードリヒ・ヴィルヘルム四世だ。彼は王太子時代、イタリア旅行の途中で一族発祥の地にあるホーエンツォレルン城の無惨《むざん》な姿を見て再建を決意したという。すでに北部プロイセン（バルト海沿岸地域）を拠点にして数世紀を経ていたにもかかわらず、子孫は己のルーツを忘れていなかったということだ。

ホーエンツォレルン城

　ところで「プロイセン人」という言葉が時々使われるが、それはプロイセン地域に住んでいたかつてのドイツ人を指すことが多い。ただ歴史的に言うならば、彼らドイツ人は土着の古プロイセン人（非ゲルマン系のプルッセン人）を追い払い、十三世紀にその地を完全に我がものにしたのである。

理由は宗教問題。多神教の古プロイセン人は、キリスト教徒のドイツ人にとっては征伐《せいばつ》すべき異教徒でしかない。そのため神聖ローマ帝国は宗教騎士団を派遣した。テンプル騎士団、聖ヨハネ騎士団とともに、中世三大騎士団の一つ、ドイツ騎士団（＝チュートン騎士団）がそれだ。数十年にわたる戦いを制し、ドイツ騎士団はプロイセンを支配して自領とした。こうして一種の修道会国家となったプロイセンだが、あくまでヴァチカンや神聖ローマ帝国の縛《しば》りの中にあり、トップたる総長は共和政のように選挙で決めることになっていた。

それから二百五十年以上過ぎた一五一〇年。二十代の若者が第三十七代総長に選出される。それがアルブレヒト・ホーエンツォレルン。彼によってプロイセンは騎士団領からホーエンツォレルン家の公国となるのだが、はたしてどんなからくりで？

初代プロイセン公アルブレヒト

このころホーエンツォレルン家はブランデンブルクまで北上してきていた。アルブレヒトの祖父はブランデンブルク選帝侯、父はその四男でアンスバッハ及びクルムバッハ辺境伯、

母はポーランド王の娘だった。まだ若いアルブレヒトがドイツ騎士団総長になれたのは、ポーランドという当時最強国の後ろ盾あってのことだ。

　正式名はアルブレヒト・フォン・ブランデンブルク＝アンスバッハ。ホーエンツォレルン家とはいっても、四男の息子で、しかも上に兄二人もいれば傍流《ぼうりゅう》の、さらに傍流だ。兄はそれぞれアンスバッハ辺境伯とクルムバッハ辺境伯という世俗領主になれるのに、自分は宗教領の一代限りの総長職にすぎない。しかも十字軍の昔ならいざ知らず、ドイツ騎士団の権威はほぼ地に落ちていて、この先も光明は見られない。野心家ならアルブレヒトでなくとも突破口を探して当然だろう。幸いにしてドイツには宗教改革の嵐が吹き荒れていた。これを利用せぬ手はない。

　総長になって十年近くたつころ、アルブレヒトは宗教改革の担《にな》い手であるルターに接触する。弱肉強食の争乱時とはいえ、カトリックの守護神たる騎士団の長がプロテスタントの指導者と何を話し合うというのか？

　両者密談の後、アルブレヒトは周囲をアッと言わせる行動

『マルティン・ルター』クラナッハ画

に出た——ルター派に改宗して神聖ローマ帝国から離れ、ポーランドにつき、その見返りに騎士団を解散して、プロイセンの領地を己のものに。

どうやらルターの助言だったらしい。世知《せち》に長《た》け、何ごとにも抜け目ないルターであれば、手品のごとき知恵もまわる。彼にとってはドイツのカトリック勢力が削《そ》がれ、プロテスタント国が増えるのは大いに歓迎すべきことだ。ではアルブレヒトに躊躇《ちゅうちょ》はなかったのだろうか？　彼の行為は騎士団領の略奪に等しい。団員への背信であり、それ以上に信仰への裏切りなのだ。

もちろん躊躇などなかった。痛む良心もない。もともとヴァチカンの坊主どもの贅沢三昧のために、贖宥《しょくゆう》状（免罪符）がドイツに売り付けられていることに立腹していた。それにアルブレヒトの目的は最初から明快で、プロイセンをホーエンツォレルン家世襲の領土にするつもりだった。ただどうしたらそれを楽にやりとげられるか、その知恵をルターに借りたかった。問題はクリアされた。ポーランドの傘下へは入らざるを得ないが、王が叔父《おじ》であれば親戚筋なので、神聖ローマ帝国やヴァチカンの頸木《くびき》よりはきつくあるまい。

　一五二五年、アルブレヒトはプロイセンにおけるドイツ騎士団解散を告げるとともに、プロイセン公として公国の君主となる旨《むね》、発表。ただちに神聖ローマ帝国はこの裏切り者の追放を命じたが、ポーランドがバックにいるので実質的には何ら手出しはできなかった。また騎士団団員のほとんどがアルブレヒトに従った。ここが彼の力量と言える。選挙という形ながら親族の七光りで総長になった若者を、団員らはさほど歓迎していたわけではない。それを長い時間かけて味方につけてゆき、ルターへの相談についての根回しもすんでいたのだろう。人望があったのだ。

『プロイセン公アルブレヒト』
クラナッハ画

　皆の期待に応え、アルブレヒト公は概《おおむ》ね善政を敷き、公国を豊かにしていった。首都に大学も創設した。ケーニヒスベルク大学だ（正式名はアルブレヒトの名を取り、アルベルトゥス大学ケーニヒスベルク）。後世、哲学者カントを輩出したことで知られる。

ルターの親しい友人にして当代きっての人気画家クラナッハが、三十八歳のプロイセン公アルブレヒトの肖像を描いている（前ページ）。流行の黒い幅広帽子に宝石を飾り付け、重たげな金のネックレスを二重に巻き、豪華な毛皮付きローブをまとった姿だ。真黒なヒゲに交じる白い毛の一本一本、下唇の小さな黒子《ほくろ》まで丁寧に描写される。目が印象的だ。わずかな斜視。これは他の画家によるアルブレヒト像にも描かれているので、彼の特徴だったのは間違いない。この斜視の目に遠い未来は見えていたろうか、自ら興《おこ》した公国が、強大な帝国へと拡大してゆく未来が……。

ポーランドに臣従

もう一点見てみよう。

　十九世紀ポーランドを代表する画家ヤン・マテイコが描いた、横九メートル近い大作『プロイセンのポーランド臣従』。

　三世紀前の歴史の一コマだ。プロイセン公となったばかりのアルブレヒト（画面中

『プロイセンのポーランド臣従』ヤン・マテイコ画

央、甲冑《かっちゅう》姿でひざまずき、聖書に右手を置く）が、宗主国たるポーランドの王ジグムント一世（王冠をかぶり、黄金の衣装）に、うやうやしく臣従を誓うシーン。周りにアルブレヒトの兄や元団員たち、ポーランド側の臣下や宮廷女性、道化などがひしめく。

いかにかつてのポーランドが強大であったか、愛国者マテイコは国民に知らしめ、奮い立たせたかったのだ。なぜなら黄金時代を過ぎて十七世紀から衰微する一方のこの国は、かつての「子分」たるプロイセンにやられ放題となり、本作制作中の十九世紀末にはそのプロイセンを核としたドイツ帝国の完全な抑圧下に喘《あえ》いでいたからだ。

一方、プロイセンに言わせれば、ポーランドの凋落《ちょうらく》は自業自得であった。過度に贅沢な宮廷、そして自らの既得権益を守るためなら自国を貶《おとし》め、他国に売るような、まさに獅子身中の虫のごとき貴族たちの存在。そうしたポーランドの失政は、プロイセンにとって反面教師となった。プロテスタントに改宗しても騎士の心を残し、質実剛健な軍人君主による清《せい》廉《れん》なる国造りこそが望ましい、と。

第1章

フリードリヒ・ヴィルヘルム・ヴァイデマン『フリードリヒ一世』

（十八世紀、油絵、個人蔵、一五一×一四一cm）

これはもしやルイ十四世？

黒くて長いモジャモジャ鬘《かつら》、重厚な白テンの毛皮マント、片手に王杖、もう片手は肘《ひじ》を曲げて腰に置く。確かに、ちょっと見はフランス風だ。しかしマントの下から覗くのはレースのフリル付き宮廷服ではなく、黒光りした鎧《よろい》。だとすれば履きものが赤いリボン飾りのハイヒールではありえず、武具にふさわしい頑丈なブーツに違いない。チョビ髭《ひげ》の整え具合は、二世紀後のドイツに惨状をもたらす悪名高き総統を思い起こさせる。

太陽王ファッションとヒトラー髭のこの御仁《ごじん》こそ、プロイセン初代王フリードリヒ一世（在位一七〇一～一七一三）。あだ名は「猫背のフリッツ（フリッツはフリードリヒの愛称）」。風采《ふうさい》はぱっとしなかったらしいが、宮廷画家ヴァイデマンの絵筆でそのあたりは抜け目なく美化され、ルイ十四世への憧れも画面から伝わるようになっている（この時代、太陽王と豪奢《ごうしゃ》なヴェルサイユ宮殿に羨望を抱かなかった君主はいない）。本作において肝心なのは、むしろマントの模様だ。フリードリヒ一世自らがデザインしたとされるプロイセンの王冠が、誇らしげに金糸で刺繡されている。

では猫背のフリッツへの後世の評価はどうか？

派手好きの浪費家で、特段政治的能力に秀でていたわけではなかったと、一般にあまり芳《かんば》しくはない。ただしそれには彼の孫フリードリヒ大王の容赦ない祖父批判も影響しているのではないか。大王曰《いわ》く、初代プロイセン王は虚栄心を満たすためだけに王になった、しかも王の称号を得たからといって、実質的な利益は何もなかった。

この言いようはあまりに不当だろう。

『ルイ十四世』リゴー画

公が王に変わってすぐ領土が増えるわけではないとしても、対外的イメージ・アップは絶大である。そのことはハプスブルク家が、すでに何ら実態のない神聖ローマ皇帝という称号を維持するため、金品をばらまいたり政略結婚や戦争を企てたりと奮闘し続けたことを見れば自明だ。肩書は侮《あなど》れない。公国より王国、王国より帝国に、人も物も集まってくるのだ。大王自身、祖父が王冠を残してくれた恩恵に与《あずか》っているのは承知だろう。

フリードリヒ一世とフリードリヒ大王（二世）は名前ばかりでなく、あんがい共通項が多かった。親との尋常ならざる確執と宮廷からの逃走、したたかな外交政策、芸術の振興などだ。それだけに大王としては、祖父に武力で玉座を戦い取ってほしかったのかもしれない。

とはいえ、初代王は初代王になるだけの運の良さがあった。上に立つ者、それも大事。

お家騒動

五代目プロイセン公
フリードリヒ・ヴィルヘルム

フリードリヒ一世の父は、ブランデンブルク選帝侯にして五代目プロイセン公フリードリヒ・ヴィルヘルム。大選帝侯と讃《たた》えられるその理由は、打ち続く戦争を乗り切り、ユンカー（東部ドイツの土地貴族）の不満を抑え、長く臣従させられてきたポーランドからプロイセンを独立させたことによる。ちなみにベルリンの有名なウンターデンリンデン（「菩提樹《ぼだいじゅ》の下」の意）大通りを造ったのも彼だ。

しかし大選帝侯といえども弱点はある。妃との間に五男一女をもうけ、丈夫な世継ぎもそのスペアもいるというのに、彼女亡き後、五十歳近くなって若い寡婦、それも野心満々の女性と再婚、四男三女をもうけて、世継ぎ問題をややこしくした。

実母が亡くなったときフリードリヒは十歳。三男だった。長男は早くに亡くなっており、二歳上の次男が選帝侯を継ぐと決まっていたが、父の再婚五年目に病死。この間、継母は毎年のように次々と子を生《な》していた。そして我が子可愛さで夫に頼みこみ、領土を切り取って自分の長男に辺境伯の地位を与えたりした。

この悪女が兄を殺したのでは……フリードリヒの胸に黒い疑惑が生じたようだ。父は妃の言いなりで、ついには残っている男児（先妻の子二人、後妻の子四人）に国を分割統治させることを、一時的とはいえ約束してしまう。さらに継母がフリードリヒ廃嫡《はいちゃく》まで画策していると噂が流れた。折りも折り、フリードリヒの弟が突然不審死した！

身の危険を感じた三十歳のフリードリヒは、妻ゾフィ・

ウンターデンリンデン大通り

『ゾフィ・シャルロッテ』

シャルロッテとともに他国へ逃亡する。
世継ぎの息子の国外脱出は前代未聞には違いないが、このおよそ三十年後の大国ロシアでも、ピョートル大帝の嫡男アレクセイが妻を置いたまま愛人と逃げて連れ戻され、牢内で妙な死を遂げる（拙著『ロマノフ家　12の物語』参照）。アレクセイからさらに数年後には、フリードリヒ王子（後の大王）も友人と逃げたが国境手前で足止めされ、罰として目の前で友人の斬首を見せつけられる。
この二人に比べ、嚆矢《こうし》となった逃亡劇の主役フリードリヒの場合は幸運と言える。痛風に苦しむ父は怒りを爆発させる元気はもはやなく、とりなしてくれた臣下のもと、この不祥事を不問に付す。おまけにそれから一年もたたず逝去したため、一六八八年、フリードリヒは晴れてブランデンブルク選帝侯にして第六代プロイセン公フリードリヒ三世（ややこしいが、プロイセン王になってからがフリードリヒ一世）の座に就いた。

継母にはもう何の力もなかった。後ろ盾の夫を失ったからだ。それでも彼女や義弟たちは父との約束を持ち出して領土分割を要求したが、金で黙らされた。

選帝侯フリードリヒ三世時代

新選帝侯の妻ゾフィ・シャルロッテは、ハノーヴァー選帝侯の娘だった。そして彼女の祖母はイギリス王ジェイムズ一世の娘なので、その関係から後にゾフィ・シャルロッテの兄ゲオルクが、棚ぼた式にイギリス王ジョージ一世になる（拙著『イギリス王家　12の物語』参照）。

プロイセンとイギリスの親近性はこのあたりからなのだ。後年フリードリヒ王子（＝大王）が逃亡先にイギリスを選ぶのも道理だ。ヨーロッパ王室はかように網の目状に繋《つな》がることで戦争回避を図ったが、周知のように、常に有効とは限らない。

それはともかく新選帝侯夫妻は——いっしょに逃亡したほど——仲が良かった。ゾフィ・シャルロッテは知的な女性で、宮廷に華やかなサロンを形成して学者や芸術家を集め、ライプニッツ（微分・積分法発見者）のパトロンにもなっている。フリードリヒも父親同様、妻から多大な影響を受けやすいタイプなのか、美術アカデミーや科学アカデミーを創設した。

また妻の名を冠したシャルロッテンブルク宮殿をはじめとしたさまざまな建築物でベルリンを飾り立てた。莫大《ばくだい》な費用を要したのは言うまでもなく、このあたりが華美な浪費家と言われる所以《ゆえん》でもある。

もちろんそれにとどまらなかった。富国には強兵だ。彼は質実剛健の父が徐々に増兵した二万五千人の常備軍を、さらに倍近くに増やした。王国創設を視野に入れていたのだろう。世紀の変わり目が近づくにつれ、ヨーロッパ中に戦雲がたちこめはじめていた。

スペイン継承戦争から王家へ

外交官という名のスパイが暗躍し、ずいぶん以前からスペイン・ハプスブルク家の直系が絶えるであろうことは予想されていた。異様なまでの血族結婚を何代も繰り返してきたせいで、現王カルロス二世の「高貴なる青い血」は干《ひ》からび、一人も子を作ることはできない。

スペインは「日の沈まぬ国」ではなくなって久しいが、それでも栄光の残滓《ざんし》はまだ十分魅力的であり、ヨーロッパ各国が虎視眈々《こしたんたん》と次の王位を狙っていた。我こそ最有力と信じて疑わない候補者は、親戚筋のオーストリア・ハプスブルク家。当主である神聖ローマ皇帝レオポルト一世は、前妃がカルロス二世の姉マルガリータ（ベラスケス作品の輝くような少女像で有名な彼女は、叔父レオポルトと政略結婚し、お産の床で若くして死去）だったのを根拠に、自分の息子（マルガリータとの子ではなく、再婚相手との子）が次の王になるべきだと宣言した。

すかさず宿敵フランスが横槍を入れる。当主ルイ十四世の前妃もまた、カルロス二世の異母姉マリア・テレサだったから、彼女の血を引く孫こそふさわしいと主張した。他にも我こそはと名乗りをあげる国々があり、またそれぞれに応援国もついて、情報戦はカルロス二世が生きている時からすでに開始されていた。

一七〇〇年、カルロス二世が息を引き取る。翌年には「スペイン継承戦争」が勃発し、各国入り乱れて十三年もの激戦の末スペインがブルボン王家のものになった経緯は、『ハプスブルク家　12の物語』に書いたとおりだ。

『レオポルト一世』ヤン・トーマス画

『カルロス二世』カレーニョ・デ・ミランダ画

選帝侯フリードリヒ三世は、この戦争のおかげでプロイセン王フリードリヒ一世となった。つまりプロイセン王国は、この戦争の副産物でもある。

父の大選帝侯さえできなかった公国から王国への格上げを、いったいどうやって可能にしたかと言えば――。

スペインを他国に絶対渡したくないレオポルト一世は、少しでも多くの兵を必要とした。そこで開戦前から神聖ローマ帝国傘下の公国や辺境伯国などにいろいろ要請を始め、フリードリヒ三世にも話を持ちかけた。フリードリヒはこう答えた、戦争になったら自国の軍隊のうち八千の兵をレオポルト軍の傭兵として貸し出しましょう、その代わり、プロイセン王にしてほしい、と。

レオポルトは承諾し、ここに世襲のプロイセン王国が合法的に誕生し、四十三歳のプロイセン王フリードリヒ一世も誕生した。

フランス・ブルボン家が勝利を収めたスペイン継承戦争「ドゥナの戦い」

そんな簡単なことが？

いや、決して簡単なことではない。もしそうなら、ドイツ三百諸侯はこぞってレオポルトを助け、見返りに王にしてもらうはずだ。そうはなっていない。なぜなら神聖ローマ帝国領内で独立王国が存在するなど、許されるわけがないからだ。

ではどうしてフリードリヒだけが許されたのか——その抜け道を見つけたがゆえに。

抜け道とは

序章に書いたように、プロイセンはかつてドイツ騎士団領だった。フリードリヒ一世の先祖であるアルブレヒトがその騎士団長となり、やがてプロテスタントに寝返ってポーランドの庇護のもと、ホーエンツォレルン家の公国とした。なぜポーランドの助けが必要だったかといえば、実は、プロイセン、正確には東プロイセンは、十五世紀からポーランドを宗主国にしていたからだ。

　要するに、東プロイセンは神聖ローマ帝国の領外なのだ。しかもフリードリヒの父があらかじめポーランドの頸木《くびき》を外してくれていたおかげで、今やこの地はホーエンツォレルン家ひとりのものになっている。独立した孤島を所持しているのと同じだ。その島に王国という名をつけてもらえさえすればよい。

　レオポルト一世としても、傭兵八千人を手に入れるのと交換に、フリードリヒを領外のちっぽけな土地の王にしてやるだけでいいなら安いものだ。これがもし領内のブランデンブルク王にしてほしいと言われたら、決して肯《がえ》んじなかっただろう。フリードリヒはこれまでどおり神聖ローマ帝国領ブランデンブルク選帝侯であり、加えてプロイセン王になるというわけだ。

　王国化に異議を唱える者はいた。ドイツ騎士団は犬の遠吠えにすぎなかったが、ポーランドは西プロイセンを所有しているだけに激しい反対活動を行った（まるで未来を予知していたかのようだ。なぜなら西プロイセンはフリードリヒ大王に吸収される定めだから）。

ホーエンツォレルン家のフリードリヒは妨害を乗り越えた。以後、歴代王はブランデンブルクをも（勝手に）含めた「プロイセン王」を名乗り続け、国力をぐんぐん伸ばしてハプスブルクやブルボンと拮抗《きっこう》するまでになってゆく。それは、誰も思いつかなかったアイディアと準備怠りなかった増兵、加えてスペイン継承戦争というチャンス——それら全てを勝機とした初代プロイセン王フリードリヒ一世の力であった。

第2章

ザムエル・ゲーリケ『少年時代のフリードリヒ・ヴィルヘルム一世』

（一七〇一年頃、油彩、ベルリン＝ブランデンブルク・プロイセン宮殿・庭園財団蔵）

歴代王のややこしい名前

初代王は建築道楽で——言い方を換えれば、首都の外見を飾り立てるのに熱心なあまり——国庫をほぼ空にし、病没した。次《つ》いで二十五歳の世継ぎが王冠をかぶり、フリードリヒ・ヴィルヘルム一世と称す（在位一七一三〜一七四〇）。

さて、ヨーロッパはどの王家もそうだが、王の名前の覚えにくさは頭痛がするほどだ。プロイセン九代（ドイツ皇帝も含む）も同じで、フリードリヒとヴィルヘルムという二つの名の組み合わせが、よけい記憶を阻害する。なにゆえこんな命名なのか、日本人には謎だ。当の国民も覚えにくかったらしく、あだ名を（しかも複数）付けている。

ひとまずここで九代の名と代表的あだ名（記憶しやすいあだ名）を列挙しておこう。

初代　フリードリヒ一世（猫背のフリッツ）
二代　フリードリヒ・ヴィルヘルム一世（兵隊王）
三代　フリードリヒ二世（大王）
四代　フリードリヒ・ヴィルヘルム二世（デブの女誑《たら》し）
五代　フリードリヒ・ヴィルヘルム三世（不定詞王）

六代　フリードリヒ・ヴィルヘルム四世（ひらめ）
七代　ヴィルヘルム一世（白髭王）
八代　フリードリヒ三世（我らがフリッツ）
九代　ヴィルヘルム二世（最後の皇帝）

移民で国力をつける

フリードリヒ・ヴィルヘルム一世は、夕食はできる限り臣下の家で、しかもたらふく食べる、と言われたほど吝嗇《りんしょく》で有名だ。だがそれにはそうせざるを得ない面もあった。浪費家の父王が国を破綻《はたん》寸前にしたため、財政改革は一刻の猶予《ゆうよ》も許されなかったのだ。若い新王は戴冠してすぐ徹底した引き締めにかかる。とにかくまずは節約第一、現金が先。

宮廷費を大幅削減したのみならず、華美なシャンデリアや家具調度、ビンテージもののワインや銀食器、贅沢な衣装や儀式用の馬車などを容赦なく売り払う。役人や学者は多すぎるとしてリストラ、ないし給金を大幅カットする。宮殿のバロック庭園は丸裸にし、練兵場に変える、などなど。

同時に人口増政策を進める。当時は対スウェーデン戦争やペスト蔓延《まんえん》の余波で、特に国の

『ユグノーたちを迎えるフリードリヒ・ヴィルヘルム一世』クレティウス画、1860 年頃

北部の人口が激減していた。国民を増やして衰退を防がねばならぬと、王は移民募集官を各国へ飛ばした。ちょうど前世紀末からフランスではルイ十四世がカトリックでまとまった絶対王政を強化すべく、プロテスタントを迫害していた。こうして宗教難民となったのがユグノー（フランス系カルヴァン派のプロテスタント）だ。ユグノーには自営農民、手工業者、小商人、金融業者など、経済力のある人々が多かったので、プロイセンは王国になる以前から彼らを歓迎していた。もとよりホーエンツォレルン家はプロテスタントである。

特にフリードリヒ・ヴィルヘルム一世時代にユグノー移民が増大したのは、もう一つ別の事情からだ。南ドイツのザルツブルク大司教領で暮らしていたユグノーが新任の大司教に弾圧され苦境に陥《おちい》っていると知り、自国へ二万人も受け入れたのだ。

プロイセンとユグノー、どちらにとってもウィンウィンのこの歴史的出来事を、十九世紀のドイツ画家クレティウスがわかりやすく描いている（前ページ）。正式なタイトルは『一七三二年四月三十日に、ベルリンのライプツィヒ門で、ザルツブルクのユグノーたちを迎えるフリードリヒ・ヴィルヘルム一世』。

大食漢で早くから肥満したプロイセン王（画面の中央やや左寄り）は、見るだに田舎紳士然たる風貌。重たげなビール腹を突き出した平服姿で、左手に短い王杖を握り、右腕を開いて歓迎の意を示す。他方、老若男女のユグノーたちは、当時の関税門であるライプツィヒ門（現存していない）の前に集まり、喜びで帽子を振る者をのぞいて、一様に不安げな表情だ。フランスを逃れ、今またザルツブルクからも追われ、この先プロイセンをどこまで信じていいのか……。

だが着の身着のまま逃れてきた彼らを待っていたのは、真の受け入れ態勢だった。諸手当をもらい、数年間は税が免除されて、個人財産作りも奨励された。彼らがプロイセンに根付き、経済的文化的に大きな貢献をしたのも当然だろう。

これは次代のフリードリヒ大王にも受け継がれる。大王は父フリードリヒ・ヴィルヘルム一世よりもっとオープンで、入植を希望するならどんな異教徒でもかまわない、モスクを建ててもいい、宗教より実直な人間性のほうが重要だ、と言い切り、移民・難民受け入れをさらに拡大してプロイセンを大躍進させることになる（現代ドイツが移民に寛容な背景にはこうした歴史がある）。

あだ名は「兵隊王」

フリードリヒ・ヴィルヘルム一世は、国庫に少しでもお金が貯まると軍備につぎ込んだ。富国の次の強兵だ。軍人数は大幅に増え、十万を超えた。当時の人口は三百万ほどなので、割合の大きさがわかる。

この突如露《あら》わになったヨーロッパ有数の軍事国家に対し、周辺国は警戒感を強めた。プロイセン王は大規模な軍隊を持つばかりか、国全体を兵舎と化して国民を苦しめている、との非難まで浴びせる。

確かに王が国民にも軍人的価値観を押し付けたのは間違いない。法と秩序の順守、質実剛健、自己鍛錬《たんれん》、職務遂行などがそれだが、ドイツ人気質として、傍《はた》が言うほど苦しんだかどうかはわからない。また自己鍛錬の一環としてこの時代に施行された全国規模の就学義務令は、国民の教育向上とさらなる国力強化に寄与している。

義務教育を視察するフリードリヒ・ヴィルヘルム一世

ただしかしプロイセン軍の規律の厳しさが他国の軍隊の比でなかったのは間違いない（それが軍の強さの源だとしても）。軍規違反者に対する制裁の一つ「ガントレット」（二列に並んだ兵士たちの間を上半身裸で走り、鞭《むち》や棒で打たれる刑）も普通に行われた。

またフリードリヒ・ヴィルヘルム一世の奇妙な嗜好《しこう》が、軍に反映されることもあった。知る人ぞ知る「ポツダム巨人連隊」がそれだ。身長百六十センチ、胴回り百四十センチというビヤ樽《だる》体型の王は、北欧神話に出てくる偉大な巨人族に憧れてでもいたのか、親衛隊の一部を編成するにあたり、人並み外れた大男たちばかりを選んだ。いずれも百九十センチを超える背丈の——中には二百十六センチのスコットランド人もいた——歩兵たちの頭には長い筒のような帽子がかぶせられ、いっそう大きく見せる工夫が凝らされた。

彼らを見上げながらの閲兵式こそ、フリードリヒ・ヴィルヘルム一世の歓《よろこ》びだった。巨人連隊の数を増やすため大男を常時募集し、時には他国軍から高給で引き抜き、果ては拉致《らち》までしたというから驚く。「兵隊王」だの「王冠をかぶった伍長」などとあだ名が付くのも道理だ。軍隊好きは子ども時代からで、年季も入っている。

扉絵を見てみよう。

同時代の宮廷画家ゲーリケの絵筆による、十歳ころの王太子肖像画。バックル付きの黒い革靴を履き、金糸で刺繍した赤い狩猟服に赤いサッシュを肩から掛ける。そのサッシュの結び目のところ（腰のあたり）には黒鷲《くろわし》勲章が輝く。当時のプロイセンで最高位の勲章である。左手には白い羽毛で飾った黒い軍帽。四肢の長い猟犬がそばに控える。その背後からプロイセンの旗が覗く。旗には金の王冠をかぶった鷲が描かれている。

ブロンドのこの少年王太子が凜々《りり》しく見えるのは、ふっくらした幼い頬に似合わぬ、長いマスケット銃を持つおかげだろう。子どもの肖像に銃という小道具は珍しい。将来の「兵隊王」直々の要望だったのだろうか。

低身長だったメンツェル（第4章に作品あり）が、巨人連隊の兵士たちと一緒に撮影した写真

愛妾、不要

フリードリヒ・ヴィルヘルム一世は人口減を防ぎ、国家財政を立て直し、正規軍を強化するといった優れた手腕を発揮する一方、鯨飲馬《げいいんば》食《しょく》で健康管理ができなかった。しかも不潔恐怖症という意外な一面もあり、ひんぱんに手を洗いたくなるためベルリン宮殿の七百もの部屋全てに水道を引かせている。他の絶対君主らと異なり、生涯にわたって寵姫《ちょうき》も愛妾も持たなかったのは、もしかすると不潔恐怖と係わっているのかもしれない。

結婚は王太子時代の十八歳、相手は一歳上の従妹《いとこ》で、十四人もの子宝に恵まれる。四人は早逝したが、五女五男、世継ぎの心配は不要だっ

右端が子ども時代のゾフィ。母と兄（後のジョージ二世）と一緒に

プロイセン王妃ゾフィ

た。

　妃の名はゾフィ・ドロテア・フォン・ハノーヴァー。名前でわかるようにハノーヴァー公国の公女だった。ところがこの弱小国ハノーヴァーは、祖母がたまたまイギリスのステュアート王朝の血筋だったので、ゾフィが結婚した後、父ゲオルク公が渡英してハノーヴァー朝ジョージ一世として戴冠する。つまり棚ぼたで大国の王になったのだ。十三年後にはゾフィの兄がジョージ二世として跡を継ぐ（以後、王朝名こそ変わったもののイギリスでハノーヴァーの血は続き、プロイセンとイギリスの関係は深まってゆく）。

　プロイセン王妃ゾフィはフリードリヒ大王という傑物を産み育てたことで知られるが、それよりもっと有名なのは彼女の実母ゾフィア・ドロテアのほうだ。その悲劇的運命には同時代人ならずとも胸塞《ふさ》がれるものがある。なんとなれば――

　ジョージ一世となる前のゲオルク公は、なぜか美貌の妻ゾフィア・ドロテアに異常なほど冷酷だった。暴力や暴言に耐え切れず、彼女は息子と娘を産んだ後、離婚を望む。スウェーデン貴族と駆け落ちする計画もあったようだが、恋人は行方不明（ゲオルクが殺害したとの説が有力）になり、おまけに離婚を許可すると騙《だま》されて古城に三十年以上も幽閉され、子どもにも会わせてもらえぬまま病死した。このことはヨーロッパ中に知れ渡っていたから、ジョージ一世が歴代イギリス王のうち最低の人気なのもうなずける（拙著『残酷な王と悲しみの王妃』参照）。

『ジョージ一世』ネラー画

　幼いころ母と引き裂かれた娘のゾフィは寂しい環境ながら、それでも祖母や母の血を受け継いで音楽や学問好きに育った。政略結婚でプロイセンに嫁ぐと、宮廷を優雅で洗練されたものに変え、ひいてはプロイセン王国そのものを文化的にも先進国にしたいと努力し続けた。

しかし「兵隊王」の夫には通じない。フリードリヒ・ヴィルヘルム一世は文化・教養・学芸に全くと言っていいほど関心がないどころか、逆にそんなものは国民を軟弱にするだけでむしろ害だと考えていた。宮廷に愛妾の影はなく、子だくさんにもかかわらず、夫婦仲はとうてい良いとは言えなかった。

武骨で粗野な夫に愛想を尽かしたゾフィは、子どもたちに希望を託すようになる。とりわけ出来のよい王太子フリードリヒ（後の大王）が彼女の宝だった。母の鋭い勘は、この息子が歴史を切り拓《ひら》いてゆく未来を高らかに告げていたが、父王の見立ては違った。マザコンで、無類の読書家でインテリ、フルートを吹き、フランス風のお洒落をして女に興味のない息子など、プロイセン王として失格、廃嫡《はいちゃく》もやむなし、との烙印をすでに押していたのだ。

父子の壮絶な戦いが始まる。

第3章

アントン・グラフ『フリードリヒ大王』

（一七八一年、油彩、サンスーシ宮殿、六二×五一㎝）

プロイセンの「顔」

ホーエンツォレルン家の、そしてプロイセンの「顔」といえば、この顔（扉絵）を措《お》いて他にない。

本作はスイス出身の肖像画家アントン・グラフによる、七十歳間近の老大王フリードリヒ二世。多くの同時代人から、王の特徴をもっともよく捉えた肖像と認められた作品である。必然的に画家の代表作となり、大量の複製や版画も出回った（ヒトラーの地下塹壕《ざんごう》執務室の壁に、唯一飾られていた絵としても知られる）。

目が全てだ。何と力強く若々しい、大きな目だろう。この目に射抜かれた者は、何もかも見透《みす》かされたと観念せざるを得まい。背中は老いの重さで丸くなり、皮膚はたるみ、額、目元、頬、口元と顔中に深い皺《しわ》が刻まれているにもかかわらず、王の強靭《きょうじん》な精神はいささかも老いてはいない。襟《えり》の赤もよく似合う。

胸元につけた黒鷲勲章には「SUUM CUIQUE」のラテン文字が見える（中央の黒鷲図を丸く囲んだ部分）。「各人に各人のものを」という意味で、これは当時のプロイセンにおいて、「各人は国を支えている限り、好きな選択ができる」と解釈されていた。王国の一体感及び自由主義と宗教的寛容のモットーであり、フリードリヒ大王が目指して手に入れた国の姿で

イマヌエル・カント

もある。

十八世紀ヨーロッパは、絶対君主が啓蒙思想を身にまとおうとした時代だ。中世的な強権一本槍を否定し、合理的科学的認識のもとに国民を導き、国の近代化を促進することが国王の理想となった。その理想の啓蒙専制君主像に適《かな》ったのがフリードリヒ大王で、そのことがまたプロイセンの重みをずんと増した。哲学者カント曰《いわ》く「フリードリヒの世紀」である。

かつてヴェルサイユに君臨した金ピカの太陽王ルイ十四世に代わり、新時代は軍服姿のインテリ大王がスーパースターになった。だがこの大王、若いころはほとんど期待されていなかった。なにしろ父の「兵隊王」が——前章で書いたように——息子に落第点を付けていたのだから。

愛の逃避行？

父王フリードリヒ・ヴィルヘルム一世は、王太子を「笛吹きフリッツ」と罵《ののし》った。男の

『フリードリヒ大王のフルート・コンサート』メンツェル画

くせに煙草も吸わず、母譲りで学問・芸術ばかりに熱中し、とりわけ音楽への傾倒が大きく、暇をみてはフルートの練習に余念がないのは何ごとか。

学者まがいの跡継ぎなど不要、軟弱息子を叩《たた》き直してやると、父王は文字どおり叩いて躾《しつ》けようとした。鞭《むち》で打つ、食事を与えない、楽器は壊す、書物を焼き捨てる。その勢いは凄まじく、男児への体罰を普通のこととする当時のドイツにあっても、虐待と映るほどだった。しかも賓客の面前でさえ殴る蹴るなので、父子関係の異常さはたちまち他国へ筒抜けになった。

父の憤懣《ふんまん》の源には、しかし隠された真の理由があったのではなかろうか。一つには、息子から軽蔑されていると気づいたこと。あの大きな目に無教養を嗤《わら》われ、前世紀の遺物と責められているような気がしたのではないか。親の苦労も知らないで、というところだ。

もう一つはさらに問題だった。いや、深刻だった。息子が女性に何の関心もないと知ったのだ（注進してくる者がいたに違いない）。王侯は国を存続させるため子作りの義務がある。王太子に子がなければ、よけいな御家騒動を巻き起こしかねない。それより何より、自分の息子が異性より同性に惹《ひ》かれているという事実には、嫌悪感しか抱けなかったのだろう。そうでなければあれほど烈しく息子に当たりはすまい。

カッテの処刑。右端の窓からフリッツが両手を伸ばし、皆が見上げる

そうしたなか、事件は起こった。

十八歳のフリッツが、側近のカッテ少尉と国外逃亡を企てたのだ。母と縁の深いイギリスに助けを求めるつもりだったが、早くから二人を監視させていた父王は、あっという間に彼らを捕まえた。

カッテはフリッツより八歳上で、数学と建築学を共に家庭教師から学ぶうち親密になったらしい。フルートと詩作という趣味も共通だった。宮廷詩人ペルニッツが、「二人は恋人同士のように振る舞っていた」と証言している。おそらく本当に恋人同士だったのだろう。

フリッツはキュストリン要塞に幽閉され、カッテには無期懲役の刑が下った。だが怒り心頭の王は判決を曲げて死刑を命じた。カッテは斬首となり、立ち会わされたフリッツは「わたしを許してくれ！」と叫んで、失神したという。

こうまでしてもまだ腹の虫がおさまらぬフリードリヒ・ヴィルヘルム一世は息子の処刑まで考えたが、臣下に諫《いさ》められた。そこで廃嫡を視野にいれたが（この時点でフリッツには弟が三人もいた）、妃の猛反対とハプスブルク家のカール六世のとりなしにより踏みとどまる。

もし若きフリッツが処刑ないし廃嫡されていれば、プロイセンの人口が六百万に倍増することはなかったろうし、後のドイツ統一も危うかった。

オーストリア継承戦争

幽閉されたフリッツはカッテの遺言書を読んだ。心揺さぶる無私の愛にあふれていた。あなたのためなら喜んで死ぬ、一刻も早く父王と和解してほしい、と書かれていたのだ。

『エリザベス一世』シーガー画

フリッツはここから本当の王太子となった。彼は父に恭順を示し、父の求める跡継ぎとしての務めを黙々と果たした。言われるがまま、ブラウンシュヴァイク公国の公女と結婚もしたし（終生、仮面夫婦で、父の死後は別居。当然ながら子は無い）、軍務にも勤《いそ》しむ。

かつてエリザベス一世がメアリ女王の命令に従い、カトリックのミサへの出席すら（プロテスタントだったのに）厭《いと》わなかったのと同じだ。エリザベスもフリッツも未来の玉座を見据え、この時期を苦しい通過点として耐えたのだ。エリザベスは五年だったが、フリッツはその倍の十年、雌伏《しふく》した。そしてその間、即位後に何をすべきか十分検討していた。

一七四〇年、二十八歳で戴冠（在位一七四〇～一七八六）するや否や、拷問と検閲の廃止、オペラ座建設、貧民対策、アカデミーの復興など、次々に啓蒙主義的改革を打ち出す。なるほど、いかにも「兵隊王」にきつく当たられていた文人だけある、と周辺国は若いフリードリヒ二世をまだ軽く考えていた。ただ少し意外だったのは、軍備を縮小するかと思っていたのにさらに拡充したことだった。

そしてそのわけが早くも半年後に明らかになる。この

オーストリア継承戦争当時のマリア・テレジア

王は侮《あなど》れないと思い知らされる。フリードリヒはハプスブルク家の豊かな領土シュレージエンを我がものにすると決めていたのだ。

　きっかけは隣国オーストリア・ハプスブルク家でカール六世が突然逝去したこと。彼には男児がいなかったので、娘のマリア・テレジアに継がせる旨《むね》、生前すでに各国の了承を取り付けていた。ところがフリードリヒは宣戦布告もなしにいきなりシュレージエンへ攻め込んだ。たちまちフランス、スペイン、イギリス、ザクセン、バイエルンなどが介入し、ここから八年に及ぶオーストリア継承戦争が始まった。

　フリードリヒの言い分はこうだ。シュレージエンはかつてドイツ諸侯複数で統治しており、ホーエンツォレルン家の領土もあった。そこでマリア・テレジアのハプスブルク家相続を認める代わり、シュレージエンを割譲《かつじょう》しろと前から要求してきた。住民もほとんどがプロテスタントで、カトリックのオーストリアに迫害され、救いを求めている。

　結果は歴史が語るとおり、ハプスブルク家の敗北だった。マリア・テレジアはハプスブルク大公の称号は認められたが、神聖ローマ皇帝の座には（女ゆえ）つけず、彼女の夫フランツ一世を置かざるを得なかった（実質的に政治はテレジアが全て行ったので、慣用的に「女帝」と呼ばれるが）。シュレージエンはプロイセン領となり、フリードリヒはヨーロッパ中から危険視されるに至る。テレジアが彼に「シュレージエン泥棒」「モンスター」「悪魔」と罵《ば》詈《り》雑言《ぞうごん》を浴びせるのももっともだ。

　かくしてフリードリヒは王としての第一歩を華々しい勝利で飾った。それはそのとおりだが、ただし彼の初陣《ういじん》自体は華々しくもなければ喜ばしいものでもなく、むしろ大いなる試練というべきであった。

『フランツ一世』マイテンス画

モルヴィッツの戦い

　時間を巻き戻そう。

　一七四一年四月、シュレージエン南西モルヴィッツでプロイセン軍とオーストリア軍は激突した。戦力は自軍のほうが勝り、初陣にフリードリヒの心は逸《はや》った。しかし敵の騎兵隊によりプロイセン軍はじ

「モルヴィッツの戦い」

りじり押され、実戦は初めてのフリードリヒは動揺して負《ま》け戦を覚悟した。指揮を執る元帥《げんすい》から戦場を離れるよう進言されるとすぐ同意し、わずかな手勢《てぜい》を連れて逃げだした。

逃げ足は速かった。あまりに速かったため、後を追った使者が追いつけなかった。使者はこう伝えようとしていたのだ。王が戦場を去って一時間後、元帥の勝負手が奏功して戦況は劇的に変わり、味方の大勝利である、と。

フリードリヒ一行は、逃避行中あやうく敵の捕虜になりかけた。味方の城と思って入ろうとして銃火を浴び、すでにそこがオーストリアに占領されていると知ったのだ。うろたえながら再び来た道をもどり、どこかで夜を明かそうとして、ようやく使者と出会えた。敗戦のショックでうちひしがれていたから、その知らせは驚きだった。戦場に駆け戻って兵士らと勝利を祝ったが、彼にとっては苦い勝利だった。

数年後、フリードリヒはこの戦いの回想録を書き、「モルヴィッツはわたしの学校だった。自分の過ちについて徹底的に考察したことが、のちになって役立った」（畔上司訳）と吐露している。

徳川家康が三方ヶ原で武田軍に惨敗した直後、憔悴《しょうすい》したありのままの姿を絵師に描かせて自戒としたとの伝承がある（『徳川家康三方ヶ原戦役画像』）。このとき家康は三十歳。モルヴィッツ戦でのフリードリヒは二十九歳と、似た年齢だ。二人とも自己を批判的に見ることのできる才能を持っていたからこそ、難しい政治の舵取りを長くうまくやり続けられたといえよう。

『徳川家康三方ヶ原戦役画像』

　フリードリヒは翌年のショトゥジッツの戦いに（今度は冷静に）勝ったあと、古くからの友人ヨルダンにこんな手紙を書いている。

「そんなわけで、わたしは十三カ月のあいだに二度勝利を収めた。数年前には誰も考えもしなかったろう。哲学を貴君から、修辞学をキケロから、啓蒙思想をベールから学んだ学徒たるわたしが、いつの日にか軍事の分野で世界を動かす人間になろうとは。ヨーロッパの政治体制を突き崩し、諸国王の政治的打算を根底から覆すために、神が一個の詩人をお選びになろうとは。」（畔上訳）

フリードリヒは自らを「詩人」と見做《みな》していたのだ。オーストリア継承戦争の終わるころ、彼の軍服姿は様になり、人々は彼を「大王」と呼ぶようになるのに。

第4章

アドルフ・フォン・メンツェル『サンスーシ宮殿の食卓』

（十九世紀、油彩、旧国立美術館〔ベルリン〕蔵、二〇三×一七二cm）

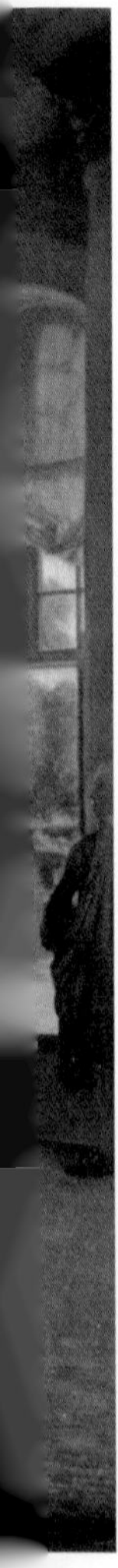

お気に入りの離宮

フリードリヒ二世はシュレージエン戦争只中の一七四五年、マリア・テレジアを挑発するかのように、ベルリン近郊ポツダムに夏の離宮を建設し始め、三年足らずで落成。六層の階段テラスと豊かな果樹園が特徴のこの城はドイツ・ロココの最高傑作であり（現在では世界遺産）、大王によってフランス語の「サンスーシ（Sans souci＝憂い無し）」と命名された。戦と政務の合い間を縫って、憂い知らずのこのこぢんまりした宮殿で、大王はフルートコンサートを催し、詩作し、作曲し、読書し、学者たちと論を交わして英気を養った。招待客はよりすぐりの少人数で、自分の姉妹とその女官をのぞいてほぼ男性限定だ。もちろん別居中の妃を招いたことなど一度もない。気の毒な王妃は夫を尊敬していたというが、稀《まれ》に顔をあわせた時、「マダム、少しお肥《ふと》りになられましたか」と声をかけられた由《よし》。「愛」の反対語は「憎」ではなく「無関心」、とはよく言ったもの（とはいえ少なくとも妃は、世継ぎのできない責めを負うことはなかった）。

さて、扉絵である。

十九世紀ドイツの画家メンツェル描く、一七五〇年ころの会食風景。場所は「大理石の間」、サンスーシ宮の中央に位置する楕円形のホールだ。高い天井から華やかなシャンデリアが吊り下げられ、開け放ったガラス戸の向こうに庭園の緑が見える。画面左に立つヴィーナス像は、プロイセン宮廷に仕えたフランス人彫刻家、F・アダムによるもの。別室にはフランス・ロココの代表的画家ヴァトーの作品も並んでいた。

　ロイヤル科学アカデミーのメンバーや元帥《げんすい》など、テーブルを囲む十人が、飲食よりも知的議論を楽しむ様子がうかがえる。一人をのぞいて皆、流行の灰色鬘《かつら》をかぶる。軍服姿のフリードリヒ大王もそうだ。彼は画面中央、こちら向きで座す。三十代後半と、まだ若い。彼が見つめているのは、当時「ヨーロッパ最大の知性」と讃えられたフランスの啓蒙思想家ヴォルテールで、こちらは身を乗り出して、テーブルの反対側の相手と論戦中らしい。

ヴォルテール（左）とフリードリヒ大王

　全員フランス語で会話していた。この時代のヨーロッパ宮廷公用語はフランス語だから当然と言えば当然だが、それにしてもプロイセン宮廷が徹底していたことは、招かれたヴォルテールが「ここはフランスです」と驚いたことからも明らかであろう。何といっても大王自身が自国を文化後進国、ドイツ語を兵隊が使うがさつな言語と見做し、著書も手紙もフランス語だった（晩年はフランスかぶれも薄れたが）。

自称「無憂宮の哲学者」フリードリヒが宮廷の滞在者としてうやうやしく迎えたヴォルテールは、しかし三年後にはプロイセンを去る。両者とも個性が強すぎて折り合えなかったのだ。とはいえ新興プロイセンとしては、ヴォルテールと対等に渡り合える啓蒙君主を戴《いただ》いている事実を世に喧伝《けんでん》できたことこそ何よりの文化的勝利と言えた。

「三枚のペチコート作戦」

フリードリヒ大王とて見込み違いはある。彼としては、カトリックとプロテスタントの違いはあっても今後はフランスとうまくやってゆけると踏んでいた。

ところがフランス国内は泥沼状態だった。一握りの特権階級ばかり我が世の春を謳歌《おうか》し、庶民を重税に喘《あえ》がせて平気で（ついにこの三十数年後に大革命が勃発する自業自得）、とりあえずの不満を抑える手段の一つとしたのが、少数派プロテスタントへの敵意転換なのだ。

プロテスタントがフランスに害を為《な》す、と喧伝しながらプロイセンとは組めない。

『エリザヴェータ女帝』エリクセン画

『ポンパドゥール』ブーシェ画

この状況にマリア・テレジアは、今こそシュレージエン奪還の時、とフランスへ接近し、みごと連携に成功した。何世紀にもわたっていがみ合い殺し合ってきた墺仏《おうふつ》が同盟を結んだ――その驚きが「外交革命」の名にあらわれている（これがテレジアの末娘マリー・アントワネットのブルボン家輿入《こしい》れにつながる）。またすでにオーストリアの同盟国だったロシアも参入し、一七五六年、「七年戦争」の火蓋《ひぶた》は切られた。

ハプスブルクはマリア・テレジア、ロマノフはピョートル大帝の娘エリザヴェータ女帝、そしてブルボンは政治に無関心のルイ十五世に代わって実質的に外交を担う寵姫《ちょうき》ポンパドゥール女侯爵。この三人の美女（元美女？）がタッグを組み（「三枚のペチコート作戦」と呼ばれる所以《ゆえん》）、女嫌いのフリードリヒに体当たりを喰らわせる。大王は親戚筋のハノーヴァー家（母親がジョージ二世の妹）のイギリスに応援を頼むが、フランスとの植民地紛争で手一杯だったから兵を出すこと能《あた》わず、資金援助にとどまった。プロイセンは孤軍奮闘せざるを得ない。

ところで七年戦争のさなかには、ルイ十五世暗殺未遂が起こっている。王は軽傷ですみ、襲った男は少々頭の働きに難があったにもかかわらず、共犯者を吐けと拷問が加えられたあげく公開処刑、それも凄まじい八つ裂き刑で周辺国の眉をひそめさせた。

そのわずか四年後に今度は南フランスで有名な異端迫害「カラス事件」も起きた。プロテスタント一家のカラス家で長男が自殺し、それはカトリックに改宗しようとして父親に殺されたに違いないとの見込み捜査が発端だ。家族全員、苛烈な拷問を受け、それでも誰ひとり罪を認めなかったのに、父親は処刑。王暗殺未遂者と変わらぬ酷い処刑法だった（これに関してヴォルテールが『寛容論』を出版してカトリックの不寛容を諫《いさ》め、後の冤罪《えんざい》認定へ道筋をつけた）。

フランスはプロイセンを非文明国と蔑《さげす》んでいたが、すでに十五年も前にフリードリヒ大王は拷問を廃止していたし、信教の自由は彼の祖父の代から認められていた。

どちらが野蛮やら。

プロイセン包囲網

フリードリヒが自国以外の国々からも「大王」と認められたのは、オーストリア・フランス・ロシア三大国連合を相手に勝ったからだ。

実際には「勝った」というより、「七年の長きにわたってもちこたえた」「負けなかった」というほうが正しいが、それだけでも凄いことだと誰もが讃嘆した。戦力・資金力の歴然たる差、三方から攻められる圧倒的に不利な状況のなか、陣頭に立って大王は戦い続け、粘り続けて、最後は運に味方され、大方の予想を覆《くつがえ》して「負けなかったがゆえの勝者」となった。これは現代で譬《たと》えるならば、日本がアメリカ・ロシア・中国連合と戦って倒れずにおれるか、と問うてみればわかる。

プロイセンの兵力は三大国の半分なので奇襲作戦しかなかった。優秀なプロイセン将校の奮戦により、前半はいくつかの会戦に大勝したが、長引くにつれ兵士の数を補充できず苦戦が重なる。おまけに途中から敵陣にスウェーデンまで加わった。連合側との人口比は三十対一になり、とうとうシュレージエンはオーストリアに奪還されてしまい、一時は首都ベルリンまで攻め込まれた。

大王は相手の補給路を断つ戦略を用い、また自ら工夫して大砲や鉄砲の性能を向上させたが、さすがに追い込まれて自害用の毒薬を身につけたと言われる。手紙でも弱音を吐いて曰く、武器はあるが人間がいない、義務と名誉から己を支えているだけで、いっそこの身を悪魔に委ねたくなる、と。

いよいよ降伏するか、降伏に等しい和平を申し出るかという絶体絶命のその時も時、フリードリヒ大王の頭上に幸運の星が輝いた。しばらく前から病床にあったエリザヴェータ女帝が没し、玉座には甥《おい》のピョートル三世が就いたのだ。この新帝は母方がロマノフ筋だが父はドイツ系なのでドイツ生まれのドイツ育ち、自分をロシア人ではなくドイツ人と思っていたばかりか熱狂的なフリードリヒ大王ファンで、自分の親衛隊をプロイセン式に変えていたほどだった。

かくして戦場からロシア兵が全面撤退《てったい》し、短期決戦の目論見が外れて倦《う》んでいたテレジアとポンパドゥールも戦意を失う。翌一七六三年にはフベルトゥスブルク講和条約が結ばれ、シュレージエンは再びプロイセンのものとなった。もしあと数カ月エリザヴェータ女帝がその座にあれば、フリードリヒ大王の命運は尽き、プロイセンが列強につらなることもなく、ひょっとしたらドイツ帝国誕生もずっと遅れていたかもしれない。

剛腕の王、狡猾な王、賢明な王、王にもいろいろあるが、国民にとってもっとも望ましいのは、幸運な王ではないか。窮地にあって幸運であること。エリザベス一世がそうだったし、フリードリヒ大王もまさに。

激動の時代の勝者

赫赫《かっかく》たる名声をまとってフリードリヒ大王が戦地からもどった時、人々はその外見の変わりように驚いた。まだ五十一歳なのに髪は真っ白になり、顔じゅう深い皺《しわ》が刻まれ、一挙に老いていたからだ。よくよく歯を喰いしばったものか、前歯も数本欠けていた。おかげであれほど好きなフルートも吹けなくなり、「笛吹きフリッツ」は「老フリッツ」と化す。

ベルリンのウンターデンリンデン大通りに立つ大王像

大王の父も祖父も五十代で病没していたので、自分も長生きするとは思っていなかった。痛風もでてきたし、体はぼろぼろだ、と戦場からの手紙で嘆いている。講和条約調印後には、人生最良の日ですねと声をかけられ、最良の日というのはこの世から去る日のことだ、と切り返したという。

『ヨーゼフ二世との邂逅』メンツェル画

だが彼はこの後二十年以上、七十四歳まで生きた。ペン先からは老いへの愚痴が流れだしたが、現実生活ではグルメであり、演奏はできなくなったが音楽を楽しみ、絵画を購入し、著書を出版し、おそらくカッテに似た秘めた恋人もそばに侍《はべ》らせていただろう。自己にも他者にも辛辣《しんらつ》で、それが奇妙なユーモアを醸《かも》した。国内外の人気はいささかも衰えなかった。

時代のスターに憧れる他国の君主は少なくないが、マリア・テレジアの長子であり、オーストリア継承戦争時に彼女のお腹にいたヨーゼフ二世もまた、フリードリヒ大王を崇《あが》めること尋常《じんじょう》でなかった。母親が蛇蝎《だかつ》のごとく嫌う相手なので正式会見はできず、こっそり大王を訪れた一七六九年のその感激のシーンを、これまたメンツェルが大画面に描いている。

二十八歳のヨーゼフは当時テレジアとの共同統治者であったから、いわば敵国の君主である。それが喜びいっぱいで頰を上気させ、階段を駆け上がろうとする。五十七歳の大王は父親のように出迎える（どんなにか彼も息子が欲しかったことだろう）。この二人をヨーゼフの臣下が画面左から呆《あき》れたように見つめる……。

ヨーゼフはこの後大王に倣《なら》って拷問廃止を実現し、啓蒙君主を目指すことになった。一方、老フリッツの残された人生における政治活動は、もっぱら経済復興だった。国内各地を視察し、問題点を自らの目で確かめ、国力をさらに強化する。海外に植民地を持たず、資源に乏しいプロイセンが強国であり続けるには、産業を興《おこ》し、国民が一丸となって勤勉に働くしかないと知っていた。「王は国民の僕《しもべ》」というのが、彼のモットーでもあった。鉄鋼業、絹織物業などを順調に成長させた。

国が弱体化したらどうなるかの見本はポーランドだ。かつて大王の祖先がポーランド王に跪《ひざまず》いて忠誠を誓ったほどの強国だったのに（序章参照）、国際問題を度外視した貴族同士の内紛を敵国に突かれ、「ポーランド分割」という名の分捕り合戦の餌食《えじき》となってしまう。

一七七二年のことだ。

この第一次ポーランド分割（第一次というからには、まだ続くわけだ）で、ケーキを分け合ったのはロシア、オーストリア、そして当然プロイセンだった。それぞれ国境に接した部分をうまく我が物にして領土を増やす。これはシュレージエンに対するよりよほど「あこぎ」であったから、それを承知のマリア・テレジアはずいぶん躊躇《ためら》った。だが結局は分割のテーブルにつく。

大王はたっぷりの皮肉をこめて、テレジアは泣いたが取る物はしっかり取った、と書き記している。とはいえそれが激動の時代における絶対君主のあるべき姿、ということも十分承知していた。

フリードリヒ大王は人々の胸に愛国の念と誇りを残し、国庫をそれまでの五倍に増やして、一七八六年、永眠した。

第5章
アントン・グラフ『フリードリヒ・ヴィルヘルム二世』

（一七九二年頃、油彩、ベルリン＝ブランデンブルク・プロイセン宮殿・庭園財団蔵）

エピキュリアン（享楽主義者）

老フリードリヒ大王の肖像画（第3章）で名を馳《は》せたアントン・グラフは、そのおよそ十年後、新王フリードリヒ・ヴィルヘルム二世（在位一七八六〜一七九七）からも制作依頼を受けた。それがこの扉絵。

四十代後半のフリードリヒ・ヴィルヘルム二世は、玉座について五、六年目になる。大王を意識してか、暗い背景に浮かび上がる半身像で、身に着けているもの——大きなボタンの並ぶ黒地の軍服、赤い色が映える襟、左胸を飾る黒鷲勲章——は同じだ。

当時のプロイセン射撃大隊の制服

ただし太り過ぎのせいで襟を大きく開け、ジャポ（襞《ひだ》付き胸飾り）風の白いスカーフを首に巻いている（大王は黒いチーフだった）。何より違うのは目だ。大王が鋭い視線を投げかけていたのに対し、こちらは我関せず焉《えん》とばかり、横目であらぬ方を見ている。王侯の公式肖像には珍しく、口元も心なしか微笑《ほほえ》んで見える。

「デブの女誑《たら》し」というあだ名が言いえて妙と思えるような、ほとんど美化されていないエピキュリアンの肖像だ。

偉大なる王の跡を継ぐと

前代フリードリヒ大王は、自分が決して妃《きさき》と閨《ねや》を共にすることも子を作ることもないと知っていた（もちろん周囲の重臣たちも）。それでなければどうして三十二歳という若さで、後継者を決めるだろうか。

アウグスト・ヴィルヘルム

推定相続人たるプロイセン王太子に叙されたのは、大王の十歳下の弟アウグスト・ヴィルヘルム。かつて父の「兵隊王」は長男の大王を廃嫡《はいちゃく》して、世継ぎをアウグストに変えようとまで考えたことがあった。フリードリヒ大王としては、父のお気に入りだった弟に対し複雑な思いがあったはずだが（実際、兄弟仲は良くはなかった）、アウグストの妃は大王の妃の妹という縁もある。それにちょうど第一子、しかも健康な男児（フリードリヒ・ヴィルヘルム）が生まれたばかりであり、ホーエンツォレルン家を継がせるのは妥当と考えたのだろう。

我が子に王位を継がせられない（そもそも我が子ができない）ことに関して、大王の本音がどうであったか知る由もない。ただ絶対王政のこの時代、表向きの恬淡《てんたん》とした態度をそのまま受け取るべきか、疑問は残る。妃を離縁することもなかった。

とはいえ世継ぎが確定し、宮廷は一安心した。ところが十四年後に王太子アウグストは病没してしまう。自動的に王太子の地位はその息子、つまり大王の甥でまだ十四歳のフリードリヒ・ヴィルヘルムへ継承された。そして誰にも予想がつくように、大王はこの甥が気に入らなかった。帝王教育を授けても期待した成果はなく、浪費家で怠け者、これではプロイセンは破滅する、と。

どの時代のどの分野の成功者も自分の後継者には採点が辛《から》いものだが、確かにこの伯父と甥は図ったように正反対だった。前者は痩軀《そうく》、後者は肥満体、前者は精悍《せいかん》、後者は鈍重《どんじゅう》、前者は女性嫌い、後者には寵姫や無数の愛人、前者は子無し、後者はわかっているだけで十七人の子、前者は哲学志向、後者は時代の趨勢《すうせい》に乗って神秘主義に傾倒、という具合だ。

さらに大王のもう一人の弟ハインリヒ（軍人で外交官）までも、甥を頭が弱くて愛妾に振り回されている、と決めつけたとあらば、大王時代のフリードリヒ・ヴィルヘルム人気はさんざんだ。大王の魅力にノックアウトされた後世の多くの歴史家もまた、女性に目がない次王についてはどうでもいいとばかり軽んじる傾向にある。

宮廷、一変

ダメな甥が偉大な伯父をうやうやしくこの世から見送り、ようやくにして王冠をかぶってフリードリヒ・ヴィルヘルム二世として即位したのは四十二歳の時だった。

すでに王太子時代の二十一歳で従妹と結婚、一女をもうけたものの三年で離縁。同年に再婚し、八人の子の父となっていた。しかし初婚相手も再婚相手も大王が押し付けた政略結婚なので妃に何の愛情も抱かず、大いなる漁色《ぎょしょく》家《か》ぶりを死ぬまで発揮して、妃に不幸を味わわせた。ただこれは当時のヨーロッパ中の王妃や王太子妃がよく知る、むしろありふれた不幸の味と言えた。

新王が美女好きだと、宮廷の様相は劇変する。大王晩年のポツダムでの知的で禁欲的で男ばかりの――フランス文化に憧れながら大王は王妃さえ締め出していた――親密な集いは、今や着飾った若い女性たちもおおぜい参加する、大都市ベルリンでのにぎやかな夜会へと変

『ヴィルヘルミーネ・エンケ』テルブッシュ画

わる。こうなって初めて宮廷人は、ヴェルサイユがなぜあれほど華やかなのか、それは眩《まばゆ》い鏡の間や金ぴかの家具調度といった背景だけではないことを、改めて思い知る。もちろん亡き老王を偲《しの》び、苦々しく思う者はいたが、陽気で享楽的雰囲気への変化を密《ひそ》かに歓迎した宮廷人は少なくなかった。

フリードリヒ・ヴィルヘルム二世は次々に愛妾や恋人を作り、中には秘密結婚した女性（もちろん重婚だ）が二人もいたらしいが、しかし生涯かけて愛した女性は、九歳下のヴィルヘルミーネ・エンケだけだった。父親は宮廷楽士で、身分は低い。だが十五歳で王太子に見初《みそ》められた彼女は、愛人になり、ついにはリヒテナウ女伯爵の位を得て公式寵姫へと昇りつめた。

ポーランド人女流画家アンナ・ドロテア・テルブッシュが描いたヴィルヘルミーネの肖像が今に残っている。艶やかなピンク色のサテン・ドレス、ダチョウの羽根飾りをあしらった小粋な帽子、頬の付け黒子《ほくろ》と、完璧なフランス・ロココのいで立ちだ。柳眉《りゅうび》と勝気そうな目、ぼってりした唇が特徴の彼女に付けられたあだ名は、「プロイセンのポンパドゥール」。寵姫ポンパドゥール女侯爵がルイ十五世の代わりに政治を行ったように、ヴィルヘルミーネもフリードリヒ・ヴィルヘルム二世を政治的に操《あやつ》ったのだろうか？

確かにヴィルヘルミーネは宮廷の女主人だったし、インテリア・デザインの才で宮殿の装飾を受け持ち、学者や芸術家を中心としたサロンも主宰しており、そんな中で国政に口を出したことがなかったとは言えまい。しかし少なくともポンパドゥールが七年戦争に加担したような重大な影響を王に及ぼしたとの証拠はない。

ヴィルヘルミーネはフリードリヒ・ヴィルヘルム二世の子を六人も産んだ（成人したのは二人だけ）。王の性愛の対象としては十数年だったが、その後も陸続と登場する恋敵《こいがたき》らの陰謀をものともせず寵姫の地位を守り、王の信頼を保ち続けた。不運だったのは、彼が前代の大王のように長生きできず、五十三歳で病没してしまったこと。一挙に後ろ盾を失った彼女は、それまで正妃が耐えてきた恨みつらみを痛烈に思い知らされることになる。生きている王は寵姫のものだが、死んだ王は妃のもの、というわけだ。

王から与えられた居城も財産も没収の上、プロイセンから追放された。

ほんとうのフリードリヒ・ヴィルヘルム二世

あだ名のとおり、フリードリヒ・ヴィルヘルム二世はすこぶる肥満し、十全にラブ・アフェアを楽しんだ。

では十一年という短い治世で、彼は他に何をしたか？

まずは「ドイツ語問題」。

先代の大王は国民を「再びドイツ的であれ！」と鼓舞《こぶ》し、プロイセンの公文書をドイツ語で起草させるという画期的な決定を下しはしたものの、自分自身はフランス語で読み、書き、話し、ドイツ語の本をほとんど読まなかったし、ドイツ芸術をフランスやイギリスのそれとは比較にならぬと見下し、保護育成する気も毛頭なかった。呆《あき》れたことに、王立アカデミー会員は全員フランス人でなければならず、アカデミー主催の講演も著作もフランス語が使われていた（当時ベルリンの三人に一人は生粋《きっすい》のフランス人だった）。

フリードリヒ・ヴィルヘルム二世はそこに風穴を開けた。特権を手放すまいとするフランス人の抵抗を撥《は》ねのけ、天文学者のヨハン・ボーデをはじめとして、次々にドイツ人をアカデミー会員に任命したのだ。そればかりではない。フランス人によるフランス劇ばかりを上演していたベルリンの劇場の監督にドイツ人を据え、毎年助成金を支出した上、ここを王立国民劇場へ昇格させた。かくしてベルリンはドイツ・ロマン主義運動の中心地となってゆく。

そして「音楽」。

フリードリヒ・ヴィルヘルム二世は大王に負けぬ音楽好きだった。王太子時代には著名なチェリストのデュポールからチェロを学び、王位に就くとすぐ彼を宮廷楽団の長にした。宮廷楽団の質の高さは広く知られ、モーツァルトもベートーヴェンもプロイセンまでやってきて、新作を作曲している。王はモーツァルトをプロイセンの宮廷音楽家に招聘《しょうへい》しようとしたが、なぜか実現しなかった。もし実現していれば、モーツァルトは『後宮からの逃走』『魔笛《まてき》』以外にも、もっとドイツ語オペラを作曲したであろうし（当時オペラはイタリア語が主流だった）、もっと長生きもしていたかもしれない（プロイセン訪問の二年後に三十五歳で死去）。

ブランデンブルク門

内政はどうか？

「浪費家」のフリードリヒ・ヴィルヘルム二世が使ったお金は、

亡命に失敗し、悲嘆に暮れるマリー・アントワネット

愛人への大盤振る舞いや巨大シャンデリア、祝祭行列などのためばかりではなかった。国内道路の拡張や運河建設、ベルリンを大国の首都にふさわしく整備するのにも惜しみなく使った。特筆すべきはベルリンの顔、ブランデンブルク門の建造だろう。三年の月日をかけて完成されたこの古代ギリシャ風の巨大な門の上には、四頭立ての二輪馬車を御す勝利の女神ヴィクトリア像も飾られた（現代人にとってブランデンブルク門は、一九八九年の東西ドイツ融合の象徴として記憶されている。建設者が二百年前の「デブの女誑し」とは知らないまでも）。

　外交はどうか？

成功例と言い難いのは、フランス革命へ

『ピルニッツ宣言』シュミット画

の関与。

　ルイ十六世とマリー・アントワネットの亡命（ヴァレンヌ逃亡）が失敗した一七九一年、フランス民衆の怒りは王政廃止にまでゆきついた。当然フリードリヒ・ヴィルヘルム二世も、革命気運が自国へ波及するのを恐れた。そこでアントワネットの兄レオポルト二世と、ザクセンにあるピルニッツ城で会見し（両者の仲立ちをしたのはルイ十六世の弟で一足早く亡命していたアルトワ伯、及びザクセン王）、プロイセンとオーストリアの共同宣言を発して曰く、もしフランスが王政復古しなければ、ヨーロッパの全ての君主が黙ってはいない——世に言う「ピルニッツ宣言」である。

　これはフランス革命政府への単なる警告にすぎなかったのだが、かえって双方の緊張を高め、王

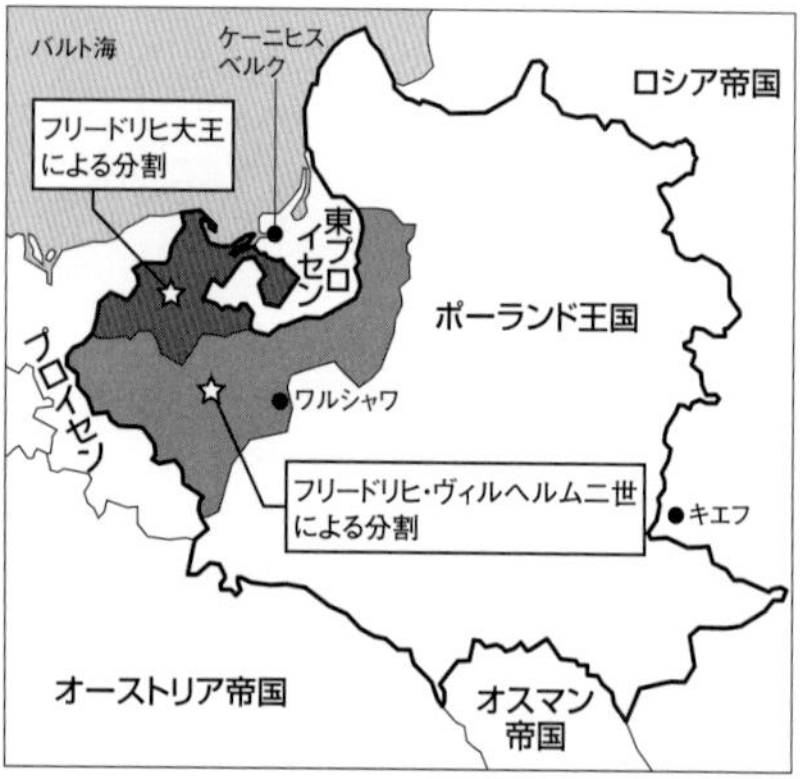

と王妃の処刑を促し、革命戦争をもたらし、ひいてはナポレオンという鬼子《おにご》を産んでプロイセンへ巨大なブーメランとして返ってきたと、言えなくもないだろう。

成功例はポーランド分割。

フリードリヒ・ヴィルヘルム二世は、存外、大王と似た姿勢を示し、プロイセンを強国にするためなら奪えるものは奪うということに、なんら躊躇《ちゅうちょ》はなかった。

すでに大王が第一次分割を終えていたが、ジャングルの野獣が弱った餌食を見逃さないのと同じで、弱体化の進むポーランドはさらに二度も襲われることになった。一七九三年にプロイセンとロシアによる第二次ポーランド分割、そして一七九五年には、プロイセンとロシアとオーストリアによる第三次分割だ。ポーランドの抵抗運動に対しては大軍を投じて叩きのめした。この最後の分割でポーランドという国は、以後一二三年にわたって地図上から消えてしまう（自国を護《まも》れない悲劇……）。

プロイセンの収穫は莫大《ばくだい》だった。フリードリヒ・ヴィルヘルム二世が次代へ贈った人口も領土も、彼が大王から受け継いだものよりはるかに大きかったのだ。この王は、見かけと違って決して愚鈍でも無能でもなかった。

歴史家の彼への評価の不当さはどこから来るのか？

一部にドイツ人気質が関わっているのは明らかだ。フランス人と異なり、ドイツ人は女好きでエピキュリアンの王を好まない。フランスで人気のあるフランソワ一世やアンリ三世も、ドイツなら低評価になるかもしれない。フリードリヒ・ヴィルヘルム二世はその意味でかなり割を喰ったと言えよう。

第6章
F・G・ヴァイチュ『シャルロッテンブルク宮殿庭園のフリードリヒ・ヴィルヘルム三世と王妃ルイーゼ』

（一七九九年、油彩、ベルリン＝ブランデンブルク・プロイセン宮殿・庭園財団蔵、九七×七六cm）

シャルロッテンブルク宮殿

シャルロッテンブルク宮殿の庭園で、仲良く手をつなぐ若き王と王妃――このように親密なダブル肖像画を、どんな国であれ、公式に描かせた王が、これまでにどれくらいいたろうか？

それほどにもプロイセン五代目フリードリヒ・ヴィルヘルム三世（在位一七九七～一八四〇）はお妃自慢だった。「女誑し」の父王を反面教師に育った彼は、美貌で知られたメクレンブルク＝シュトレーリッツ公国の公女ルイーゼを娶《めと》ると、政略結婚にもかかわらず一筋に慈《いつく》しんだ。

ベルリン芸術アカデミーのF・G・ヴァイチュが本作を完成させた一七九九年、王は戴冠して三年目の二十九歳、王妃ルイーゼは二十三歳。二人はすでに王太子時代に結婚していたので、この時点でルイーゼはもう三人の子持ち（生涯に九回の出産）だが、見てのとおり、最新流行の白いシュミーズドレスをまとったスリムな姿は若々しく愛らしい。しかも彼女の賢明さ、王を支え続けた点も夙《つと》に知られ、国民から深く敬愛されていた。

フリードリヒ・ヴィルヘルム三世のあだ名は「不定詞王」だが、どういう意味かというと、話す際に主語抜きで動詞も人称変化させず、不定詞しか使わなかったためだ。たとえば「私はここにいる」と言いたい時、「Ich bin hier（＝I am here)」ではなく、「hier sein（＝here be)」のように表現した（「風呂、飯、寝る」の日本型亭主関白風）。そうした言葉足らずの夫、しかも重臣からは、考えるばかりで実行力に欠けると思われている夫を、ルイーゼ妃はさまざまに補佐したのだった。

『王妃ルイーゼ』ヨーゼフ・グラッシ画

惜しまれるのは、三十四歳という若さで亡くなったことだ。とはいえ彼女が産んだ二人の息子は王と初代皇帝に、娘は皇妃になった。つまり長男が六代目プロイセン王フリードリヒ・ヴィルヘルム四世、彼に嫡男がいなかったため跡を継いだ弟が、第七代プロイセン王から初代ドイツ皇帝になったヴィルヘルム一世である。

そして娘のフリーデリケ・ルイーゼ・シ

フリーデリケ・ルイーゼ・シャルロッテ・ヴィルヘルミーネ

ヤルロッテ・ヴィルヘルミーネは、ロシア名アレクサンドラ・フョードロヴナとしてロシア皇帝ニコライ一世妃となって、跡継ぎを産んだ。それからおよそ百年後、ロマノフ家最後の、そして悲劇の皇帝ニコライ二世こそ、ルイーゼ妃の血を引く曽《ひ》孫であった（拙著『ロマノフ家12の物語』参照）。

ティルジットの屈辱

とかく隣国同士は仲が悪い。冗談まじりとはいえ、フランスは「ヒトラーのせいでひどい目にあわされた」とドイツを非難し、ドイツはフランスに「ナポレオンはもっとひどかった」と言い返す。

どちらがどうかは措《お》くとして、十九世紀前半のヨーロッパ全体がナポレオンにさんざん翻《ほん》弄《ろう》され、国土を蹂躙《じゅうりん》されたのは間違いない。

周辺がキナ臭くなった当初、平和主義者のフリードリヒ・ヴィルヘルム三世の意向でプロイセンは中立を守り、どことも同盟は結ばないことを目指した。だが世界制覇《せいは》が目的のナポレオンにそれが通じるわけもなく、やがてフランスとの同盟を強いられる。ロシアとの国境の護り役として利用価値ありと見做されたのだ。そこでプロイセンは密かにロシアと同盟を結び、フランスに対抗する準備をした。

　国際情勢は刻々と変化してゆく。

　やがてドイツ西南の小さな領邦のうち百以上がナポレオンによって解体され、残った諸領邦はライン同盟という名のもとにフランスの保護下に入った。一八〇六年、神聖ローマ帝国まで消滅させられると、ついにプロイセンはフランスとの同盟を破って戦を宣言。そしてなんと、たった一日の、わずか二カ所の戦場での戦いで、あっという間に撃破されてしまう。最強を誇った武田の騎馬軍団が織田の鉄砲隊に負けたように、プロイセン軍の戦の手法が古びてきていたこともあるが、それより何よりこの時期のナポレオンは無敵で、勝てる国などなかった。フリードリヒ・ヴィルヘルム三世と宮廷は東プロイセンへ逃れ、首都ベルリンは何の抵抗もせず、市を明け渡した。

　ナポレオンは軍を率いて威風堂々、ブランデンブルク門をくぐって凱旋《がいせん》した。ついでに門

『ナポレオンのベルリン入城』メニエ画

の上の勝利の女神像を引きずり下ろし、戦利品として――いつもの強奪ぶり――自国へ持ち帰った。またフリードリヒ大王の墓所を訪れ、もし大王が生きていたら我々がここにいることはなかったろう、と敗者を前に述べている。ナポレオンが大王を尊敬していたのは事実だが、わざわざこの状況で公言したのは、プロイセン軍の弱さや現王の腰抜けぶりに対する揶揄《やゆ》以外の何ものでもない。

ルイーゼ妃は以前から主戦派だったので、自軍がまだ壊滅状態になっていないことを理由に王を鼓舞して曰く、不名誉な調印を急がないでください、行動してください、国民は応援してくれます。そこでフリードリヒ・ヴィルヘルム三世は東プロイセンでなお少し粘ったものの、

『ティルジット条約』（部分）ゴッス画。前景右からフリードリヒ・ヴィルヘルム三世、王妃ルイーゼ、アレクサンドル一世、ナポレオン

ロシアも敗退してしまってはどうにもならなかった。

翌年、フランス・ロシア・プロイセンの三カ国によるティルジット条約が結ばれる。プロイセンにとって「ティルジットの屈辱」と恨《うら》まざるを得ないほどの非情な条約だった。そもそも締結前の会見の場にはナポレオンとロシア皇帝アレクサンドル一世だけが臨み、その間フリードリヒ・ヴィルヘルム三世は外で立ったまま待たされるという仕打ちを受けた（ナポレオンがプロイセン王の裏切りにそうとう立腹していたからだが、それにしてもこうした公的な辱《はずかし》めを各国でおこなってきたツケが、後の没落の一因ではなかったか）。

条約は徹底していた。プロイセンは人

口・領土とも半分に削《けず》られ、陸軍も四万に減らされ、一億二千万フランという莫大な賠償金と、懲罰的な累進所得税まで課せられた上、全て支払い終わるまではフランス軍が駐留すると決められた。

これに先立ってルイーゼ妃はナポレオン妃ジョゼフィーヌに書簡を出して口添えを頼んだり、自らナポレオンへ直訴《じきそ》して温情を乞《こ》うた。にもかかわらず屈辱的な結果になったことで、彼女の努力は無駄だったとする歴史家もいるが、当時のプロイセン国民はそうは思わなかった。なぜならナポレオンはシュレージエン返還ばかりか、ホーエンツォレルン家取り潰《つぶ》しまで視野に入れていた。それを阻止できたのはルイーゼ妃だと皆が信じたればこそ（ナポレオンはルイーゼを「プロイセンの雌豹《めひょう》」と呼んだ）、彼女はプロイセン歴代王妃のうち唯一と言っていいほど国民の記憶に鮮烈に刻まれたのだ。

再び国家存亡の危機に

占領下のプロイセンは徹底した緊縮財政を取らざるを得なかった。フリードリヒ・ヴィルヘルム三世はやむなく国民に重税を課したが、自らも王領売却などで身を切る姿を示した。いったいにプロイセンでは、他国ほどフランス発祥の革命運動に大きく影響されなかったが、それは歴代の王が総じて質素で、禁欲的でさえあったのも要因だ。贅沢好き、女好きと非難された前王フリードリヒ・ヴィルヘルム二世にしても、フランス王どころかフランス貴族にも及ばぬ暮らしぶりだった。新興国なので国民一体となって努力していたし、ドイツ人気質から上も下も勤勉で、華美に流されにくい。王家の贅沢三昧に怒って蜂起《ほうき》する、というフランス人民とは状況がかなり異なっていた。

その代わり——他のドイツ諸邦と同じように——鬱勃《うつぼつ》と湧《わ》き起こったのが民族意識である。占領軍の傍若無人《ぼうじゃくぶじん》さと傷つけられた愛国心は、文化先進国として長らく持ち続けてきたフランスへの敬意やナポレオンの英雄性への憧憬《しょうけい》を、あっという間に吹き消すほどのものだった。人々はプロイセン魂、あるいはドイツ魂に目覚め、小国の寄せ集まりという今の状態を改め、統一せねば、との気運が高まる。そして漠然とだが、その統一はハプスブルク家によってなされるだろうと考えた。ホーエンツォレルン家による統一の可能性については、プロイセン自体、まだ想像の外だった。

いずれにせよ、それは半世紀以上も先の話だ。プロイセンには早くも次の危機が押し寄せていた。ティルジットの屈辱から五年後の一八一二年、フランスは再び対ロシア戦を開始するにあたり、プロイセンに新たな同盟を強要した。重臣の中にはそんな要求は蹴《け》って開戦す

『メッテルニヒ』ローレンス画

べきと進言する者もおり、フリードリヒ・ヴィルヘルム三世は決断できず迷いに迷った（助言してくれるルイーゼ妃はもうこの世の人ではなかった）。

すると前回と全く同じことが起こる。ロシアとこっそり同盟を結んだほうがいいとの一将軍の提言を、撥《は》ねつけられずに受け入れたのだ。常々この「不定詞王」は、フランスに勝つにはロシア一国との同盟ではなく、オーストリアを入れた三カ国で当たらねばだめだと言っていたにもかかわらずだ。こうして翌一八一三年、ロシア・プロイセン連合軍でフランスに向かっていって、案の定、玉砕《ぎょくさい》してしまった。

裏切りも二度目となればナポレオンの憤怒《ふんぬ》は凄まじい。今度という今度はプロイセンをポーランドのように分割して地図から消すことも厭《いと》わぬ勢いの彼は、仲裁に乗り出したオーストリアに、プロイセンからシュレージエンを取り戻してもよし、と許可を与えたほどだ。

国家存亡のこの危機をプロイセンが回避できたのは、ひとえにオーストリアの外相メッテルニヒのおかげだ。ナポレオンとハプスブルク家皇女マリー・ルイーズの婚姻を仲介したメ

ブランデンブルク門の上の女神像と鉄十字杖

ッテルニヒだが、今後のヨーロッパ勢力図を鑑《かんが》みると、プロイセンよりナポレオンを潰すべきだと考えるようになっていた。そこでシュレージエンという餌には喰いつかず、むしろフランス軍のライン西岸への撤退を提案して、予想どおり交渉は決裂。このあたりから怒濤《どとう》のナポレオン没落が始まる。ロシア・オーストリア・プロイセン連合にイギリスなども加わり、ロシアでの大敗を経ての島流し。

　プロイセンは華々しい戦勝国の末端に連なってはいたが、二度もフランスと同盟を結んだ肩身の狭い立場だった。それでもいちおう戦いはしたということでパリへ入場し、ブランデンブルク門の彫刻像を取り戻した。そして勝利の女神ヴィクトリアの持つ杖に、奪還記念の鉄十字章を新たに付け加えたのだった（写真）。

ウィーン会議後

戦後処理のウィーン会議で、プロイセンはせっかく前王「デブの女誑し」が増やしてくれ

た領土を全て諦めるしかなかった。ナポレオンによって縮められた、砂時計のように真ん中が異常に細い、東西に分かたれた中程度の国として歩んでゆけというのだ。対仏戦前の口約束だったザクセン取得を弱々しく要求したが、受け入れられるはずもなかった。

だがその埋め合わせのように戦勝列強から投げ与えられたのが、ラインラントだ。ここはずっとフランスに支配されてきた国境の土地で、住民はカトリック。要するにプロイセンは、万が一再びフランスが強大化して攻めてきた場合の国境警備という危険な役目を押し付けられたのだった。

どこも欲しがらない、めんどうな新領土――幸運はどこにころがっているかわからない。その新領土の大地の下には宝がざくざく埋まっていた。良質な石炭の宝庫だ。判明するのは今少し先だが、宝の発見後、ここはドイツ最大のルール工業地帯となったのだから面白い。存在感の薄いフリードリヒ・ヴィルヘルム三世だが、存外、運は悪くなかったのだろう。

二度の国家消滅の危機を、自力ではなく他力で乗り越えた。臣下に恵まれ、首相のシュタインとその後を継いだハルデンベルクによって、次々改革が実行された。ギルド独占を廃止して自由商業を認めたことで経済は復興してゆく。時代遅れの軍略も見直され、将校職は市民にも開放された。他にも『戦争論』のクラウゼヴィッツ、哲学者フィヒテ、ベルリン大学創設者フンボルトなど多士済々で、プロイセンは王の晩年にかなり盛り返した。

王の私生活も少し盛り返し、ルイーゼ妃の死の十四年後には再婚している。貴賤結婚だったため評判はよろしくなかったが、本人は幸せだったようだ。六十九歳で逝去。

第7章
エドゥアルト・ゲルトナー『ブライテン通りのバリケード』

（一八四八年、鉛筆と水彩、ベルリン市博物館、一四・七×二四・七cm）

E.G.

フリードリヒ・ヴィルヘルム四世

フリードリヒ・ヴィルヘルム四世（在位一八四〇～一八六一）が戴冠したのは、四十五歳の時。極端に口数少なかった「不定詞王」の父と違い、新王は弁舌さわやかでよくスピーチをしたため、当時の人々に珍しがられた。プロイセン歴代では、彼および最後の皇帝ヴィルヘルム二世のふたりだけ、と言われたほど演説好きだった。

　身もふたもないあだ名「ひらめ」はそのパッとしない容姿からきているが、もう一つの異名は「玉座のロマンティスト」。軍人気質からは遠く、反戦主義者で優柔不断、問題解決に強権を振るうのではなく、融和的に推し進めようとするほうだった。その一方で古色蒼然《そうぜん》たる中世的ロマン的王権神授説にこだわり続け、自由主義や立憲主義などは一顧《いっこ》だにしなかった。

　結婚は王太子時代の二十八歳で、相手は六歳下のエリザベート・ルドヴィカ・フォン・バイエルン。見てのとおり（次ページ右）麗しく、それも道理、美男美女を多数輩出した名門

オーストリア皇妃エリザベート

王妃エリーゼの肖像画

ヴィッテルスバッハ家の王女である（父はバイエルン王マクシミリアン一世、母はその後妻）。

エリーゼの愛称を持つ彼女は、美人五姉妹の長女だった。妹のゾフィはオーストリア大公妃となり、皇帝フランツ・ヨーゼフを産む（ミュージカル『エリザベート』で鬼の姑として描かれているが）。もう一人の妹ルドヴィカはバイエルン公と結婚し、美女中の美女オーストリア皇妃エリザベートを産んでいる（つまりフランツ・ヨーゼフとエリザベートはきわめて近い従兄妹《いとこ》婚）。

もう一人、ヴィッテルスバッハ家の麗人といえばエリザベートの従弟《いとこ》（正確に言えば従甥《じゅうせい》）で狂王と呼ばれたバイエルン王ルートヴィヒ二世もいる。

弟のヴィルヘルム王子

フリードリヒ・ヴィルヘルムはヴィッテルスバッハ家の招待を受けて訪問した際、美しいエリーゼを見初《みそ》めた、ということになっているが、もちろんそれ以前に政略結婚だ。プロイセンとバイエルンという有力な国同士の結び付きが双方から求められていた。ただバイエルンがカトリック国なので、この信仰問題の解決に数年要し、最終的にエリーゼがプロテスタントへ改宗することで結婚に至った。美しい上に穏健なエリーゼのおかげで、夫婦仲は終生睦《むつ》まじかった。

ただし彼女のこの穏やかさは、妹のゾフィ（「ハプスブルク宮廷唯一の男」と呼ばれた）のような強烈な個性と異なり、プロイセン王妃として格別の存在感を示す妨げとなった。しかも子供を産まなかった。王夫妻が世継ぎを持てない事実は早くから知られ（理由は流産説、夫の不能説など）、次の王太子の座は弟ヴィルヘルム王子（後のヴィルヘルム一世）と定められた。

これはフリードリヒ・ヴィルヘルム四世にとって辛《つら》くないと言えば嘘になろう。一歳半違いのヴィルヘルムとは子供時代からよく比較され、軍配は常に弟のほうに上がっていたから疎外感も味わわされてきた。プロイセン的外見と優れた軍人的資質をもつ弟への対抗手段、それが「演説」だったのかもしれない。

ケルン大聖堂

産業革命へ驀進

不運な王とされるフリードリヒ・ヴィルヘルム四世だが、この時代の絶対主義君主で玉座にぬくぬくとしていられた者などほとんどいない。誰もが皆、前時代とは全く違う世界に直面させられた。それは産業革命と、そこから派生したブルジョワジーの台頭《たいとう》である。

フリードリヒ・ヴィルヘルム四世の芸術嗜好《しこう》はゴシック建築で、長く放置されていたケルン大聖堂建設続行を決め、また廃城だったホーエ

1847年当時、ベルリンにあったボルジッヒ機械工場

ンツォレルン城も再建（「序章」参照）している。政治信条も後ろ向きなのは言うまでもなかったが、その一方で新たな科学文明に対してはきわめて前向きだった。

プロイセンに鉄道が開通した時、王太子だった彼はさっそくベルリンからポツダムまでの旅を楽しんだ。王になると産業革命を推進させ、プロイセンを農業国から工業国へ急激に転換させた。戴冠早々、ベルリンのボルジッヒ機械製造工場に依頼して、サンスーシ宮殿の前庭に蒸気機関を使った噴水システムを導入している（設立まもなかったこの企業は、その後ヨーロッパ最大の機械製造会社となる）。

他にも王は工業開発を支援した。一八四〇年代のこのころになると、父王の代に手に入れた（いや、向こうからころがりこんできた）ラインラントに良質の石炭が発見され、ここを中心に急速な工業化が進んでゆく。織物などの軽工業では先発のイギリスに敵《かな》うはずがないので、いきなり重工業から進めて成功したのがプロイセン産業革命の特色と言えた。

だがどんな革命にも光と影がある。輝かしい産業革命の影は、イギリス同様、悲惨だった。新しい職種である工場労働者たちにはまだ組合がなく、工場所有者から半奴隷扱いされたのだ。過酷で非人道的な労働を低賃金で強制され、健康を損《そこ》ねればボロ雑巾《ぞうきん》のように捨てられる彼らの実態が、フリードリヒ・ヴィルヘルム四世のロマンティックな目には映っていなかった。社会政策の進言にも応じなかった。

王はむしろ、新産業をバックに急速にのし上がってきたブルジョワのほうに戸惑っていたのかもしれない。莫大な資産を力に、彼らは物を言い始めていた。つまり声高に政治的発言をし、さまざまな要求を通そうとしてきた。王とブルジョワと貧民。産業革命は前代未聞の社会的緊張をもたらした。国父たる王とほぼ農民から成る国民、共に贅沢せず、共に国造りに励んだ、プロイセンらしい古き良き時代。それはあっという間に過ぎ去ってしまい、分断された国民の間から、もう一つの「革命」が顔をのぞかせる。

三月革命

一八四八年は、各国の君主にとっての災厄年だった。

まず――例のごとく――フランスが発火点となる。二月にパリで革命が勃発《ぼっぱつ》して（二月革命）、国王ルイ・フィリップを追放、すぐ第二共和政が宣言された。次いで三月十三日、革命はウィーンへ飛び火し、メッテルニヒが失脚して亡命。十五日、ブダペストでも革命勃発。十八日がベルリン、二十日にはバイエルン王国で、エリーゼの異母兄ルートヴィヒ一世が退位させられた。

後に「三月革命」（ないし「ベルリン暴動」）と呼ばれる革命闘争は、次のような経過を辿《たど》った――フリードリヒ・ヴィルヘルム四世は十三日のウィーン革命の報を受け、ある程度の譲歩をすれば収まるだろうと踏む。そこで十八日、連邦議会を開くと布告。知識人、学生、工場労働者、職人ら（言い方を変えれば、自由主義者、ナショナリスト、立憲主義者たち）を中心とした民衆がこれを歓迎して王宮前に集まった時、それは起こる。警護隊に向かって誰かが石を投げ、兵士が発砲で応じたのだ。たちまちバリケードが築かれ、プロイセン初の市街戦が始まる。だがそれは翌日にはもう終わっていた。自国民にこれ以上殺し合いをさせたくなかった王が、軍隊をベルリンから退かせたからだ。

ホーエンツォレルン家存続という観点からすると、この時の王がフリードリヒ・ヴィルヘルム四世で幸いだった。革命派の憎悪は王ではなく、王弟であり後継者であるヴィルヘルム王太子（後のヴィルヘルム一世）に集中していた。民衆を圧迫する国防軍支持の中心的人物と見做《みな》されていたからだ（王は弟の身を案じ、一時的にイギリスへ逃がした）。もしヴィルヘルム一世が王位にあったなら躊躇《ちゅうちょ》なく軍事力を行使し、王と国民の間の溝を救い難いほど深くしていただろう。

　――戦い済んだ市内の様子を、都市景観作品を得意とした建築画家エドゥアルト・ゲルトナーが描いている。扉絵『ブライテン通りのバリケード』がそれだ。

　克明なリアリズム手法で鉛筆と水彩を使って表現されたこの絵は、まるで古いモノクロ写真に一カ所だけ色を塗ったかのようだ。両側に整然と並ぶ建築物を、無秩序な残骸が嘲笑《あざわら》う。商店の看板、樽《たる》、梯子《はしご》、車輪、大小の石、それらの上に築かれた急ごしらえのテント。そして横には、黒、赤、金の三色旗がはためく。

　この旗は現ドイツ連邦共和国の国旗なので日本人にもなじみだが、プロイセンにおける当時の国旗は黒白に鷲のデザイン（11ページ参照）。三色旗が革命派のシンボルとして使われたのは、かつてナポレオン軍と戦った学生義勇兵の軍服の色（黒マント、赤い肩章《けんしょう》、金ボタン）からきたと言われる。

『もらうべきか、拒むべきか？』
ポッパー画

「豚の王冠」

王は革命に屈し、ブルジョワ自由主義内閣が発足した。しかし革命派は全く意思統一ができなかった。立憲君主制か共和制かで揉《も》め、ドイツ民族統一や国民国家の樹立も意見の対立で決められず、早くも夏には人々の間に革命への倦怠《けんたい》が蔓延《まんえん》した。

そして秋。オーストリアが革命を抑え込んだと知ったフリードリヒ・ヴィルヘルム四世は意を強くし、ベルリンに軍隊を戻した。革命派はなんら抵抗せず、ホーエンツォレルン家当主はもとの座にもとのまま座り、議会を解散した。

しかし全てのドイツ領邦が、プロイセンのように革命を雲散《うんさん》霧《む》消《しょう》させられたわけではなかった。生き延びた革命派は翌年フランクフルト国民議会で民主的な「ドイツ帝国憲法」を可決し、オーストリアを除外したドイツ諸国がプロイセンのもとで統一する、との決議を下した。そして帝冠をたずさえて王に謁見《えっけん》して曰く、どうか初代ドイツ皇帝になっていただきたい。

この時のフリードリヒ・ヴィルヘルム四世の葛藤を、ユダヤ人風刺画家イシドール・ポッパーが『もらうべきか、拒むべきか?』で揶揄《やゆ》している。「愛してる、愛してない」と花占いする乙女なみに、王はボタンを一つずつ触って心を決めようとしている。まだ冠はかぶっていない。

実際には、はなから受け取る気などなかった。葛藤もなかった。フリードリヒ・ヴィルヘルム四世はこれを「豚の王冠」と呼んでいた。革命の血にまみれた帝冠などほしくはない。ドイツ皇帝位、これはハプスブルク家ではなく、ホーエンツォレルン家が代々継ぐべきだ。国家の形、それは国民の同意による民主国家ではなく、ドイツ各君主たちの同意のもとの連邦国家でなければならない。彼はそれを己の使命と感じ、その路線に沿って突き進む。

失意の晩年

フリードリヒ・ヴィルヘルム四世は、ドイツ二十八カ国から成る「ドイツ連盟」を設立した（バイエルンやヴュルテンベルクなど不参加の国も少なくなかった）。だがここに立ちふさがったのが、オーストリア・ハプスブルク家である。プロイセン一国でも目障《めざわ》りなのに、さらに大国化したいとは何事か、しかもオーストリアは多民族国家として何世紀も続いており、たとえプロイセンではなく自国がトップに立つことになったとしても、ドイツ民族だけを束《たば》ねるのではなく、これまでどおりの多民族国家が理想形だ、と。

このようにオーストリアが戦火を交えることすら厭《いと》わぬ勢いで怒りだし、ロシアまでを味方につけた時、フリードリヒ・ヴィルヘルム四世はいわば尻尾《しっぽ》を巻いて逃げるよりなかった。ドイツ統一の夢は潰《つい》え、プロイセンはこれまでどおりオーストリアの風下《かざしも》に甘んじるだけだ。悔しいことには、臣下の少なからぬ者たちが、ドイツ統一はハプスブルク家のもとで、と考えていた。まだ「その時」ではなかったのだ。「その時」は弟王ヴィルヘルム一世の時代で実現されるだろう。

フリードリヒ・ヴィルヘルム四世は失意に沈み、そのおかげかどうかは別として、クリミア戦争では中立を守り、国力を削《そ》がれることはなかった。晩年の四年ほどは病床にあり（精神的な病に蝕《むしば》まれたようだ）、せめてもの慰めは、いまだ美しい妃エリーゼに看病されたことだった。

夢に手は届かなかったものの、王が時代を繋《つな》ぐ役目をしっかり果たしたのは間違いない。

第8章
カール・シュテフェク『散歩中のルイーゼ妃と二人の息子』

（一八八六年、油彩、旧国立美術館〔ベルリン〕蔵、二五九×二〇三cm）

扉絵は一八〇〇年代初頭、ケーニヒスベルクの公園を散策する若い母と可愛い息子たち。まるで絵のように（実際、美化された絵だ）理想的な親子像である。

主役はフリードリヒ・ヴィルヘルム三世妃ルイーゼ（第6章参照）。右で彼女と腕を組み、仰ぎ見ているのが長男（後のフリードリヒ・ヴィルヘルム四世）、左の金髪の次男（後のヴィルヘルム一世）は少年らしからぬ愁《うれ》いを帯びた表情。ルイーゼもまたどこか彼方《かなた》へ目をやり、心も遠くにあるようだ。迫りくる自らの死を予感しているとでもいうような……。

背景の木々の向こうに「ルイーゼ記念碑」の尖塔が見える。だが当時これは存在していなかった。記念碑が建てられるのは、絵の次男が大人になり、第七代プロイセン王ヴィルヘルム一世になり、初代ドイツ皇帝になり、天国での母との再会が近づいた最晩年になってからなのだ。もちろん記念碑はヴィルヘルム一世が建造した。

つまり本作（ケーニヒスベルク美術学院長カール・シュテフェク画）は、ルイーゼ妃死後七十六年も経った一八八六年に描かれたもの。画面全体を覆う、どこか夢の中のような、感傷的で懐《なつ》かしい雰囲気、そしてそこはかとない哀しみは、そこから来る。

理想の母、理想の女性

ルイーゼ妃は生前から、そして若くして病死した後はなおのこと、国民から熱狂的に愛された。妻として母としての最高の手本となり、またそれまで乏しかった女性的華やかさや陽気さを宮廷に持ち込んだだけでなく、未曽有《みぞう》の危機だったナポレオン戦争において、抵抗運動のシンボル的存在であり続けたからだ。

やがて「プロイセンの守護神」（詩人フーケの言）とまで讃えられ、彼女に関する出版物も数多く出回った。いや、それより先、ルイーゼ妃死去後すぐ、夫であるフリードリヒ・ヴィルヘルム三世が愛妻を偲《しの》んで霊廟や数々の彫像を建て、ルイーゼ勲章を定め、看護婦養成のルイーゼ学校も創設していた。彼女は瞬《また》く間にレジェンドとなり、それは長く（今も）続いている。

次男のヴィルヘルム一世も母を想い続けたことは、先述した記念碑建造からもわかる。普仏戦争開戦前にはわざわざ霊廟を訪れて戦勝を誓い、ルイーゼ鉄十字章まで定めていた。彼にとって亡母は特別なのだ。王太子ではなかったので、兄より甘やかされていたし、母を亡くしたのは思春期の真っ盛り、十三歳の時だった。若く美しいまま逝《い》った母への憧れは、歳ふるごとに強化されていったろう（泉鏡花がそうであったように）。

青年時代のヴィルヘルム一世

ヴィルヘルム一世は晩年のイメージ、即ち、鼻の下の口髭の他に、耳のあたりから頬まで続く、ふさふさした真っ白な頬髯（日本語は生やす部位によって「ひげ」の漢字が髭・髯・鬚と違う）の、気むずかしげな老王というイメージが強い。しかし青年時代は母親似の眉目秀麗《びもくしゅうれい》ぶりで、社交界では浮名も流した。

だが恋は一途《いちず》だった。相手は母方の遠縁で、幼馴染みのエリザ・ラッツィヴィル（ポーランド語でラジヴィウヴナ）。ポーランド・リトアニアの公女だ。

ヴィルヘルム王子より六歳下のエリザは美貌で知られ、二人は十代から相思相愛、結婚を約束していたにもかかわらず、大きな障壁を乗り越えることができなかった。エリザの父方の祖先が、プロイセン王推定相続人の妃にするには問題ありとの理由だった。

何としてもエリザといっしょになりたいヴィルヘルムは、妹の嫁ぎ先ロシア・ロマノフ家に頼んでエリザを養女とした上で、形を整えての結婚という道筋も探ったが、宮廷の反対派に邪魔された。はじめのうち賛成していた父の「不定詞王」も、ついに結婚無効の宣言を出さざるを得ず、ヴィルヘルム王子の長年の粘りも空しく、泣く泣くエリザと別れるしかなかった。三十二歳の時だ。

　そのわずか数カ月後、政略結婚が決まる。ザクセン・ヴァイマル公国の公女アウグスタだ。十八歳の彼女は、プロイセン王子の恋についてすでに知っていた（近隣諸国で知らぬ者はなかった）。どんな思いで嫁いだのだろう。今は愛がなくとも、共に歩むうちに愛は育《はぐく》まれると信じていたのか、それとも政略結婚の非情さを承知の上で割り切るしかなかったか。

　いずれにせよ、新妻に勝ち目はなかった。夫の想い人エリザはまもなく結核に罹《かか》り、三十歳で亡くなったのだ。ヴィルヘルムがその死を母の死と重ね合わせないはずがない。彼の心の中でエリザは理想の妻となり、目の前の現実の妻はぐんぐん遠ざかっていった。

　夫妻は一男一女をもうけたが、周囲の目から

エリザ・ラツィヴィル

も関係は冷え冷えとしていたようだ。ヴィルヘルムは王子の時も、王太子の時も、プロイセン王の時も、ドイツ皇帝の時も、死ぬまで机の上にエリザのミニチュア肖像を飾っていた。

六十歳過ぎてまだ王太子

「ひらめ」ことフリードリヒ・ヴィルヘルム四世が戴冠した時、弟のヴィルヘルムは四十三歳だった。彼の立場はかなり辛《つら》い。兄王に子がいれば、自分はもう少し自由にやりたいことができたが、早い段階でその可能性のないことが明らかになってしまう（前章参照）。

そのためヴィルヘルムは王子から王太子となり、いつ舞台に立てるかどうかもわからぬまま常に準備万端で控えていなくてはならない「代役」につかされた。父王の代役なら年齢差が大きいからまだしも、兄王とはたった一歳半しか違わない。それでは永遠の代役、代役のままの死の可能性すらあるではないか。

王太子や皇太子、あるいはその弟が抱える葛藤は——性格にもよるだろうが——大変なものらしい。たとえばイギリスの場合、ヴィクトリア女王が十八歳から六十四年間も玉座にあったため、長子エドワードが王になれたのは六十歳間近になってからだ。親子関係が最悪だったこともあり、母の死に乾杯したとまでささやかれた。そんな親不孝者のせいかどうかは

『エドワード七世』フィルデス画

知らないが、「万年王太子」からやっと抜け出しても、彼が王冠をかぶっていられたのはわずか九年にすぎない（拙著『イギリス王家　12の物語』参照）。

さらにもう一例。

ハプスブルク家のフランツ・ヨーゼフには二歳下の弟マクシミリアンがいた。兄に息子が生まれるまで、彼は皇太子だったが、その座は生まれたばかりの甥のものとなる。マクシミリアンはこれで自由になった、とは考えなかった。どうしてほんのちょっと遅れてこの世に出てきたというだけで、これほど差がつくのかと歯《は》噛《が》みした。トップになりたかったのだ。

そこでメキシコ皇帝という怪しげな地位に飛びつき、異国で銃殺刑（次ページ写真）という悪運を引き寄せることになった（拙著『ハプスブルク家　12の物語』参照）。

ヴィルヘルム王太子の立場はマクシミリアンに似ていた。彼は兄より容姿も軍人としての才能にも優れていた。それは自他ともに認めることだったから、若いころは複雑な感情を抱かずにおれな

メキシコ、ケレタロの丘で銃殺刑直前のマクシミリアンを撮影した一葉

かった。兄が弟に嫉妬することがあったように、弟もまた兄が兄であるというだけで王になったのを嫉妬した。現実には兄に分《ぶ》があった。王位継承権は揺るがないからだ。

　ヴィルヘルムは王族の務めとして軍隊に入り、ナポレオン戦争を戦い、プロイセンの国民全員がそうであったようにフランス嫌いになる。戦後は軍人として外交官として兄王を支えたが、三月革命で蜂起《ほうき》した民衆から集中攻撃を受けると、一時的に亡命する（第7章参照）。この時、妻子をおいて逃げたことに負い目を感じることになる。それによってますます革命派への怒りは募《つの》り、「代役」でしかないことにもフラストレーションをためた。すでに五十歳を過ぎていたのだ。

フリードリヒ大王を尊敬し、彼の著書『我が時代の歴史』を読み返していたヴィルヘルムは、己の人生がスカスカであり、大王のように回顧録を書くこともできないと運命を呪った。これまでやってきたことは、任命や査察、閲兵《えっぺい》や遠征、非常時への対処と勲章授与だけだったと嘆き、六十歳になったら引退しようと真剣に考えるほどだった。

　こうして五十代を終えた。マインツ連邦要塞総督という地位にはあったが、相変わらず王太子のまま。

ビスマルク登場

　ヴィルヘルム一世は晩年運の持ち主だったのだろう。

引退を考えていたその六十一歳の時、兄王が倒れて摂政となる。それから三年後、もうすぐ六十四歳になる一八六一年初頭、兄王崩御《ほうぎょ》。ようやくにして王冠を手にしたヴィルヘルム一世（在位一八六一〜一八八八）は、以後十年プロイセン王を続けてプロイセン最後の王となり、さらに二十年近く初代ドイツ皇帝として君臨する（これで回想録は十分といえよう）。

　さて、ヴィルヘルム一世がプロイセン王として戴冠した数カ月後。保養地バーデンバーデンで暗殺未遂事件が起こる。ウクライナ出身の大学生が、すれ違いざま背後から小型ピスト

『ヴィルヘルム一世の戴冠式』メンツェル画

ルを撃ったのだ。弾は首筋を掠《かす》っただけで出血もなかった（「ひりひりした」由《よし》）。若者は逃げもせず、その場で逮捕された。犯行声明の紙片を所持しており、「ヴィルヘルム一世ではドイツ統一ができないので射殺した」と記してあった。

　王権神授説を信じていたヴィルヘルム一世は、事件が未遂に終わったことを神の思《おぼ》し召《め》しと捉え、自信をつけた。プロイセンを革命派の手に渡してはならじ。

　ここからフリードリヒ大王と並ぶプロイセン史上最大のスターが生まれる。ヴィルヘルム一世のことではない。彼を支え続けた重臣であり、ドイツ帝国を創設することになるオットー・フォン・ビスマルクだ。

そもそもヴィルヘルムが摂政に就くときも、反対派の妨害を退けてくれた支援者の中にビスマルクがいた。当時はまだフランクフルト議会プロイセン代表にすぎず、政治の中枢に位置を占めていたわけではない。それが宰相《さいしょう》に任命されるに至ったいきさつは、世論を無視した王の軍備拡大を果敢《かかん》に実行できる臣下がビスマルクしかいなかったからだ。再び盛り返してきた社会主義運動を抑えられる者も彼だけだ。

社会主義者たちを箱詰めにするビスマルクの風刺画（1878年のイギリス「パンチ」誌より）

ユンカー（地主貴族）出身のビスマルクは骨の髄《ずい》まで反革命、王政維持派のリアリストだった。彼はプロイセンによるドイツ統一を最大の目的に掲げた。それは即ち、ドイツ民族を代表していたハプスブルク・オーストリアを「外国」にすることである。ヴィルヘルム一世の思惑《おもわく》と同じだ。かくして六十五歳の老王と四十七歳の鉄血宰相による、栄光の二人三脚が開始された。二人は時に激しく対立しながらも、ヴィルヘルム一世崩御の日まで二人三脚の紐《ひも》をほどくことはなかった。

ビスマルクのあだ名「鉄血」は、彼が宰相に就任した一八六二年の演説から取られている。曰く――

「ドイツはプロイセンの自由主義ではなく、その実力に期待している。（中略）現在の大問題は言論や多数決によって決せられるべきものではない。（中略）それはまさに鉄と血とによって決せらるべきである」（岩間徹訳）。

早くもこの二年後、「政治上の腕だめし」（ビスマルクの言）として、プロイセンは対デンマーク戦に挑《いど》んだ。難攻不落とされたデュッペル要塞を陥落させ、ベルリンで戦勝の祝砲が撃たれたが、それはなんと約半世紀ぶりのことだった（あまりに久しぶりだったので、何発撃つべきか、すぐわかる者がいなかったという）。

この戦争ではプロイセンはオーストリアと組んでいたが、次にそのオーストリアを敵にすることは、ビスマルクの既定路線であった。

第9章
フランツ・フォン・レンバッハ『ビスマルク』

（一八七九年、油彩、ベルリン・ドイツ歴史博物館、一二一×九六・五㎝）

ビスマルクの肖像画・写真は数多い。中でも「貴公子画家」のあだ名をもつ富裕層出身のフランツ・フォン・レンバッハは、六十代から晩年にいたるビスマルク侯爵の、正装、普段着、軍服姿、また無帽、鉄兜《てつかぶと》、ソフト帽姿、堂々たる立ち姿、疲労困憊《こんぱい》の座姿など、実にさまざまな肖像を描いた。扉絵は六十四歳のもの。

首に白いチーフを巻き、厚ぼったい普段着で椅子に腰かけたビスマルクは、手を膝に置き、真正面から鑑賞者を見据える。禿《は》げ上がった頭部に残り少ない白髪、額に深く刻まれた一本の皺《しわ》、への字の口、まだ眉毛は灰色だが、いずれ口髭と同じように白く垂れさがるだろう。

このころの彼は仕事過多と鯨飲馬食《げいいんばしょく》で体調がおもわしくなかったのだが、相変わらず視線は射すくめるように鋭い。そして今にも立ち上がりそうだ。立ち上がったら、その巨軀《きょく》（百九十センチ、百キロ）にも圧倒されるだろう。おまけに若いころから何十回も決闘経験があり、体に無数の古傷をつけた猛者《もさ》だ。自信と威厳に誰も敵わない。ヴィルヘルム一世さえ、ビスマルクの「下で」皇帝を「務める」のはいかに大変かと、冗談半分でこぼしたし、イギリスの外務大臣などは、陰で「プロイセン王ビスマルク一世」と呼んでいた。

覇権争い

時間を巻きもどそう。

「政治上の腕だめし」だったデンマーク戦争は一八六四年、ビスマルク四十九歳の時（まだ髪も黒かった）。前章で書いたように、彼はすでに次の照準をオーストリアに定めていた。そのオーストリア・ハプスブルク家君主フランツ・ヨーゼフはビスマルクより十五歳も若く――「宮廷唯一の男」と言われていた母ゾフィ大公妃の支えがあるとはいえ――統一ドイツをめぐる覇権争いにおいて鉄血宰相の敵ではなかった。

フランツ・ヨーゼフ

実はこの十年ほど前、ゾフィはフランツ・ヨーゼフの妃にホーエンツォレルン家筋の公女（前王の姪《めい》）を、と打診したもののプロイセン側から断られている（そこから紆余曲折《うよきょくせつ》を経て、ヨーロッパ一の美妃エリザベート誕生となった）。もしオーストリア・ハプスブルク家とプロイセン・ホーエンツォレルン家の婚姻が成立していた

『エリザベート皇后』ヴィンターハルター画

なら、ヨーロッパの歴史は変わっていただろうか？　同じドイツ語を話す同胞同士の、謂《い》わば「共喰い」のごとき普墺《ふおう》戦争は避けられただろうか？

　そうは思えない。ビスマルクは己を「ドイツ人」というよりは「プロイセン人」と考え、プロイセンによるドイツ統一国家を実現するためならオーストリアとでも他のドイツ領邦とでも、一戦交えることに躊躇《ためら》いはなかった。いや、むしろフランツ・ヨーゼフを挑発して開戦へと導いてゆく。

　こうして一八六六年に入ると、名門ハプスブルク帝国と新興プロイセン王国が一触即発であることは誰の目にも明らかになった。前者にはザクセン王国、バイエルン王国、ハノーヴァー王国などが味方し、後者にはイタリア王国、ブラウンシュヴァイク公国などがつく。両者からもっとも動きを警戒されたフランスが中立を守ったのは、オーストリアが密約を結び、戦勝後のライン左岸割譲を約束したからで、ビスマルクも負けずに同じことを仄《ほの》めかして

（仄めかすだけ）、漁夫《ぎょふ》の利を望むフランスの介入を制した（このあたり、ヨーロッパ外交のしたたかさに驚く）。

　ヴィルヘルム一世はプロイセンによるドイツ統一を望んではいたが、戦争ではなく外交的解決を望み、ビスマルクと激しい口論になったことが知られている。しかし結局はこれまでどおり譲歩したし、そしてこれからも譲歩し続けるだろう。この二人は性格的にも思考法においても相性が良いわけではなく、甲乙つけがたい頑固者同士だったからしばしば衝突したのだが、にもかかわらず互いに胸の奥深くで相手を信頼しきっていた。だからこそ最後まで離れることはなかったのだ。

ビスマルク暗殺未遂事件

ケーニヒグレーツの決戦とその後

　普墺戦争は一八六六年六月、プロイセンの宣戦布告で始まるが、その一カ月前にビスマルク暗殺未遂事件が起こった。ウンターデンリンデン大通りを散歩中のことだ。南ドイツの大学生がピストルを撃ったが当たらず（前章で書いたヴィルヘルム一世暗殺

宰相ビスマルク（左）と参謀総長モルトケ（右）

未遂を想起させる）、逆にビスマルクに取り押さえられてしまう。

当時の新聞の挿絵（前ページ）では、大男の宰相がやすやすと相手の右手首をひねり上げている。学生は武器を持っているのに完全な迫力負け。ビスマルクにしてみれば、これは普墺戦の前座のようなものだったろう。彼には戦勝が見えていた。圧倒的工業力による武器重砲で、この挿絵のように敵の手首をひねるつもりだった。

戦争はビスマルクの予想どおりに推移する。ヴィルヘルム一世とともに長年かけて軍備を拡大してきた大きな実りである。銃一つとってもこちらは一分間に七発撃てる新式なのに、敵は二発だけの旧式。軍隊の移動もこちらは鉄道を駆使し、敵は多民族国家ゆえ動員にもたついた。いくつもの戦闘で次々に勝利したプロイセン側は、参謀総長モルトケ（後に「近代ドイツ陸軍の父」と呼ばれる）の指揮のもと、十九世紀最大の戦いとして知られるケーニヒグレーツ戦で、オーストリア帝国を完膚《かんぷ》なきまでに叩きのめした。

『ケーニヒグレーツの戦い』ブライプトロイ画

ケーニヒグレーツ戦における、およその数字をあげておこう。プロイセン側の戦力二十二万、大砲七〇〇門。死者・行方不明者二千二百人、馬九五〇頭の損失。対するにオーストリア側の戦力二十一万、大砲六五〇門。死者・行方不明者一万三千人、捕虜二万二千人、馬六千頭と大砲一一〇門の損失（オーストリアが勝つと思っていたフランスは結果に驚愕《きょうがく》した）。とにかくこれを機に普墺戦争は終結。わずか七週間の攻防だった。

この後のオーストリア・ハプスブルクを見よう。

すでにナポレオン戦争で神聖ローマ帝国が解体され、ナポレオン後のウィーン会議でドイツ連邦（ドイツ諸領邦の連合体）の盟主の座をもらって何とか体面を整えてきたが、「日の沈まぬ国」だった時代に比べると、もぎたてのみずみずしいブドウが干しブドウになったようなもの。そこへ今回の敗戦、さらにドイツ統一の主導権ど

ケーニヒグレーツは現在、チェコのフラデツ・クラーロヴェーという都市である。

ころか完全な締め出しときては、威信は地に落ち、干しブドウの甘味さえ消えてしまう……と思われたが、さすが六百年以上持ちこたえてきた名家の粘りは侮《あなど》れない。

ハプスブルク家の離れ業《わざ》は、支配下にあったハンガリーを王国として独立させ、新たな同君連合においてオーストリア皇帝がハンガリー王を兼ねる、というものだった。幸いにしてエリザベート妃が以前からハンガリー贔屓《びいき》だったおかげで、ハンガリーも彼女を熱烈に愛していた。かくしてオーストリア＝ハンガリー二重帝国が発足。フランツ・ヨーゼフとエリザベートはハンガリー王と王妃として戴冠し、ハプスブルクの黄昏《たそがれ》の薄明りはこの後さらに半世紀も長引くこととなる（拙著『ハプスブルク家　12の物語』参照）。

一方のプロイセンは、老ボスを追放した若き狼のごとく意気軒高だった。普墺戦争翌年、二十二ドイツ諸邦と連合、否、実質的には併呑《へいどん》した「北ドイツ連邦」を結成し、連邦主席にヴィルヘルム一世が就く。なぜ皇帝と名乗らなかったかと言えば、まだ完全なドイツ統一ではなかったからだ。

つまり連邦宰相となったビスマルクはすでに次を見ていた。北ドイツ連邦に入らなかったバイエルン王国、ヴュルテンベルク王国、バーデン大公国、そしてヘッセン大公国などとはひとまず同盟を結んだが、いずれ統一ドイツに組み込まねばと思っていた。

これら南部はカトリックなので、オーストリアのほうに親近感を抱いていた。特にバイエルン・ヴィッテルスバッハ家は、ハプスブルク家との婚姻も多い（ゾフィ大公妃もエリザベート妃もヴィッテルスバッハ家出身）。北と南の住民は気質も違ったから、プロイセンに呑み込まれれば棄教《ききょう》させられ、固有の文化も失われるのではないかと危惧《きぐ》したのだ（ビスマルクにその意図がなかったことは歴史が証している。現在も北はプロテスタントで質実、南はカトリックで優美と、ざっくりした差異が残されている）。

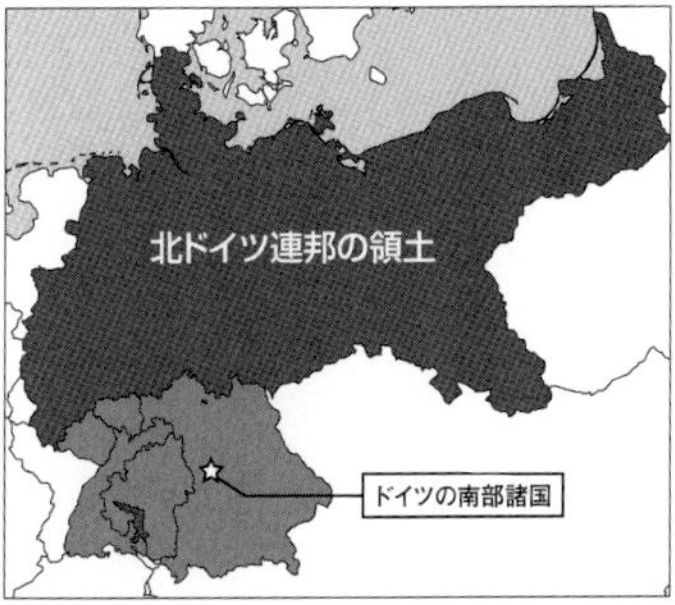

そんな南部もプロイセンよりもっと嫌いな国があった。フランスだ。ナポレオンは消えたが、ナポレオンの甥がナポレオン三世として君臨していた。野心まみれのこの男は、選挙

『ナポレオン三世』ヴィンターハルター画

で共和国大統領になったというのにクーデターを起こし、今やフランス皇帝だ。伯父に倣《なら》ってヨーロッパに牙《きば》をむくのではないか、そんな疑心暗鬼がぬぐえない。

ビスマルクとしてもフランスは邪魔だった。いや、フランスこそが最大の敵だった。絶えず裏で手を回し、ドイツ統一を妨げようとしている。そのくせ正面から戦う気はない。戦えば敗けると知っているのだろう。フランス軍はオーストリア軍より弱く、特に最近はメキシコ出兵でさらに戦力が低下している。この機に何としても戦争に持ち込みたい。ドイツの南部諸国も普仏戦となれば北ドイツ連邦に味方せざるを得まい。そして戦後は統一ドイツに吸収されるのを拒《こば》めまい。未来は開戦にかかっている。

ヴィルヘルム一世は強硬に反対していた。正当な理由なくして、フランスと戦うのは断じて許さないと言うのだ。だが裏を返せば、正当な理由さえあれば認めるという意味にもなろう。だとすればフランスから仕掛けてもらえばいい。どうやったらナポレオン三世に宣戦布告させられるか、それが思案のしどころだ。思案の合間も、戦争準備は怠《おこた》りなかった。

北ドイツ連邦ができてちょうど三年目の一八七〇年夏。ビスマルクにとって千載一遇《せんざいいちぐう》のチャンスがやってくる。

エムス電報事件

発端はスペインだ。女王イサベル二世（フランス・ブルボン家出身）がクーデターで国を追われたのが、二年前。以来、空位になっていたのだが、一八七〇年六月にホーエンツォレルン家傍流の公子が新王候補に挙《あ》がる（これはどうやらビスマルクの裏工作だったらしい）。

フランスは——プロイセンの勢力拡大を恐れ——猛然と抗議。するとヴィルヘルム一世はビスマルクと相談もせず、あっさりそれを聞き入れ、公子も辞退を表明してしまう。もともと政情不安のスペインに食指など動かなかったのだ。ここで終わればビスマルクの工作失敗ということになろう。ところが図に乗ったフランスが深追いしてくる。

七月、ヴィルヘルム一世がドイツ西南部の保養地バート・エムスで休暇を取っていると、フランス大使が王に謁見《えっけん》を申し込み、今後二度とホーエンツォレルン家からスペイン王位候

『ナポレオン三世妃ウージェニー』
ヴィンターハルター画

補者は出さない、という文書をナポレオン三世に送ってほしいと要求するではないか。さすがの王もこれには丁重ながら「絶対という約束はできかねる」と拒絶した。そしてすぐ、事の次第と今後の取り扱い方をビスマルクに一任する旨《むね》、首都ベルリンに打電した(前半が王の、後半は侍従長の文言)。

エムスから電報が届いた時、ビスマルクはモルトケらと晩餐《ばんさん》中だった。さすが「外交の魔術師」と言われるだけの宰相である。この電報の利用価値を直《ただ》ちに見抜いた。これで両国民の戦争熱に火がつけられる。さっそく文中の「(すでに公子は辞退したのだから)自分はこれ以上言うべきことはない」という表現を、「もう二度と大使に引見するつもりはないし、大使にこれ以上言うべきことはない」と、いかにもフランス側の傲慢《ごうまん》に対し王が憤激しているかのように手を加え、すぐさま新聞に載せたのだった。

翌日は七月十四日、フランス革命記念日である。新聞を読んだフランス中が怒り狂った。プロイセン王が大使を侮辱したと。そしてもちろんプロイセンも、さらにはバイエルンなど南部諸邦まで怒り狂った。我らが老王に対しフランスは何たる非礼かと。

ナポレオン三世妃ウージェニーは（スペイン出身だったからなおのこと）、ずっと前から対独開戦論者だった。不摂生《ふせっせい》による体調悪化で戦争は御免《ごめん》の夫を焚《た》きつけ続けてきたが、この度《たび》は国民の怒濤《どとう》の怒りをバックにますます声高になる。片やヴィルヘルム一世妃アウグスタはと言えば、ずっと前からビスマルク嫌いを隠しもしなかったし、どんなに国民が叫ぼうが戦争には反対だった。一通の電報が巻き起こした顚末《てんまつ》に戸惑う夫に、アウグスタは戦争回避を訴えてやまなかった。

それぞれの思いをよそに、国家の運命の歯車はもう誰にも止められなかった。早くもその数日後、フランスはプロイセンに宣戦布告。普仏戦争のゴングが鳴り響く。

第10章
アントン・フォン・ヴェルナー『ドイツ皇帝即位式』

（一八八五年、油彩、ビスマルク博物館、一六七×二〇二cm）

『ヴィルヘルム一世、戦線へ出発』、メンツェル画

拡大画

まずは上図メンツェル作『ヴィルヘルム一世、戦線へ出発』を見てほしい。

夏の日差しのもと、ウンターデンリンデン大通りを儀装馬車がゆっくり進む。七十三歳のヴィルヘルム一世は軍服姿、隣の妃は普仏戦争を阻止できなかった悔しさとビスマルクへの怒りからか、ハンカチで目頭《めがしら》を押さえる。

見送る中・上流階層の人々は直立不動で敬礼し、あるいはハンカチや帽子を打ちふって、深く敬愛する老王の無事を心から祈る。当時ヨーロッパで最も強大と見なされていたフランスに、はたして勝てるのか……。

だがこの画面からは、自国の運命への不安は微塵《みじん》も感じられない。葉を青々と茂らせた菩提樹の並木も、豪奢《ごうしゃ》なホテルや店舗に飾られた色とりどりの旗――プロイセン国旗、北ドイツ連邦旗、赤十字旗など――も明るくさんざめいて、まるで笑っているかのよう。

それもそのはず、画家が本作を描いたのは、有無《うむ》を言わせぬプロイセン大勝利の年だった。絵筆も歓びに躍《おど》るわけだ。さらにその翌年には、同時代の大作曲家ブラームスが、合唱曲『勝利の歌』を初演する（ちなみにブラームスは、私室にベートーヴェンの胸像とビスマルクの写真を飾っていた）。

用意周到のビスマルク

前章で記したとおり、ビスマルクは参謀総長モルトケとともに何年も前から対仏戦を視野に入れていた。ドイツ統一を陰に陽に邪魔してきたフランスを何としても打ち負かさねばならぬ。プロイセンのスパイたちが観光客を装い、フランス各地の戦場と想定した場所を密かに調査した。鉄道網も武器弾薬も兵も兵站《へいたん》（後方支援部隊）も万全だった。知らぬはフランスばかり。

ナポレオン三世は自軍の能力を過大評価し、敵を侮《あなど》っていた。侮ってはいたが開戦に消

『銃火の戦線』ジャンニオ画

極的だったのは、持病の膀胱炎悪化で健康状態に全く自信がなかったからだ。しかし妃ウージェニーを筆頭に国全体が「ベルリンへ、ベルリンへ！」と熱狂すると、もはや抗《あらが》う術《すべ》はない。それでなくとも失政続きで帝政は傾きかけていたのだ。ヴィルヘルム一世より三日早い一八七〇年七月二十八日、フランス皇帝は重い腰を上げて出陣した。

　初戦（小さな局地戦）ではフランスが勝利したがそれきりで、あとはもうプロイセンの驀進《ばくしん》に次ぐ驀進に押される一方。銃撃戦になると兵器の性能の違いもさることながら、プロイセンの黒っぽい（つまり保護色の役を果たす）軍服に対し、フランスの軍服はファッショナブルすぎた。紺色の上着にズボンが赤。この目立つ赤が銃弾の格好の標的となる。

　宣戦布告からおよそ六週間足らずでプロイセン軍はナポレオン三世軍を追いつめ、ついにセダン要塞に立てこもったところを包囲して（「セダンの戦い」）、四方の山頂に配したクルップ砲で猛攻撃した（クルップ社は鉄道業・兵器製造業の長い歴史をもつ大財閥で、現在はティッセン社と合併し、巨大コングロマリットのティッセンクルップ社となっている）。

　セダン戦はわずか一日半で終わる。ナポレオン三世は八万三千の将兵とともに降伏。この事態を恐れていた側近は、包囲されてまもなくナポレオン三世にこう進言していたという、ここで討ち死になされれば帝政は守れます、と。またパリで留守を預かっていたウージェニー妃も皇帝捕縛《ほばく》の一報を受けた時、嘘です、夫は戦死したはずです、と

ビスマルク（右）と、捕虜になったナポレオン三世。
カンプハウゼン画

叫んだとされる。

真偽定かでないこうした話が伝わっているということ自体、政治的に正しい選択が何であったか、あるいは人々が何を望んでいたかが推《お》し量《はか》れよう。

評判の悪い皇帝が華々しく散り、皇太子が帝位を継ぐことができていれば、ボナパルト朝も今しばらく続いた可能性がある。しかしナポレオン三世は要塞から出て敵陣に向かうことはなく、不名誉極まりない捕虜の身となった。ウージェニーは亡命し、実質上この段階が、普仏戦争終了、そしてフランス第二帝政崩壊であった。

セダン戦直後のビスマルクとナポレオン三世を描いた、ドイツ人画家カンプハウゼンの絵（前ページ）がある。魂の抜けたような顔でぐったり椅子に座り、何やら釈明中にも見えるナポレオン三世に対し、軍帽ピッケルハウベ（頭頂に槍先のようなスパイクを付けたヘルメット）をかぶったビスマルクは、いっさい同情も共感も示さない。背筋をぴしりと伸ばし、杖代わりの長剣の柄《え》に手をのせ、冷ややかに相手を見やる。自ら暗殺者を捩《ね》じ伏せた鉄血宰相としては、おめおめ捕虜となった敵の皇帝など敬するに値しないということか。

次いでヴィルヘルム一世とナポレオン三世の会見も設けられた。敗者の気が重かったのは当然として、勝者も劣らず気が重かったようだ。ヴィルヘルム一世は控えめな思いやりを表し、労《いたわ》りの態度でナポレオン三世を遇した。一つ間違えば、己がその立場になったかもしれないし、また王侯同士の独特な連帯感もあったのだろう。そこが君主と家臣の立場の違いだ。

ドイツ帝国誕生

結局ナポレオン三世もイギリスへ亡命させてもらい、フランスには臨時政府が樹立して（後に共和国となる）、プロイセンとの交渉に当たる。

翌一八七一年一月、プロイセン軍はいよいよ意気盛んでヴェルサイユ宮殿を占領し、ブルボン朝ルイ十四世太陽王の栄華の象徴「鏡の間」で、ドイツ帝国皇帝即位式を行うことになる。これが「ドイツ第二帝国」（一八七一～一九一八年）だ。ちなみにドイツが帝政をとったという意味で、第一帝国は「神聖ローマ帝国」（九六二～一八〇六年）。そしてヒトラーのナチス国家を俗に「第三帝国」（一九三三～一九四五年）と呼ぶことがある。

さて、扉絵。これはドイツの歴史画家アントン・フォン・ヴェルナー作『ドイツ皇帝即位式』。

「鏡の間」の名のとおり正面奥に天井までの高い鏡が並び（まだ巨大な一枚鏡製作技術がな

バーデン大公

かったので、いくつもの長方形小型鏡が貼り付けてある。上部は半円）、そこに将校らが捧げる軍帽や銃剣、また向かい側のガラス窓群も映り込んでいる。

人物像のうち一番目立つのは、白い軍服に身をつつみ、両脚を大きく広げて画面中央に堂々と立つ宰相ビスマルクだ。彼を主役に据えるのは当然だろう。三十年戦争からこのかた長く小邦に分裂させられていたドイツを、ついに統一帝国へとまとめあげた功労者なのだ。彼の右側には（まさにビスマルクの右腕とも言える）モルトケが、両手を後ろに組み、新皇帝を見つめている。

壇上の白い口髭と顎鬚の人物は、今やドイツ初代皇帝となったヴィルヘルム一世。その左で右足を一歩前に出し、はるか前方へ目をやっているのが彼の長子で皇太子（後のフリードリヒ三世）。ヴィルヘルム一世の右で腕を上げて音頭を取るのはバーデン大公。

実はこの即位式直前に一揉《ひとも》めあった。プロイセン魂の主ヴィルヘルム一世としては、プロイセンがドイツ帝国の中に溶解してしまうことをあまり快く思わなかったのだ。もしこの皇帝位がドイツ議会から与えられる形式であれば、老王は頑として玉座を蹴っただろう。かつて彼の兄フリードリヒ・ヴィルヘルム四世が、国民議会の差し出す王冠を「豚の王冠」と呼んで拒否したのと同じ心情、要は王権神授へのこだわりである。

　そこでビスマルクは今回の即位を、議会ではなく今後一つの国としてまとまってゆく各王国、大公国、公国など全君主たちからの要請によるという形を整えた（バーデン大公国君主がそばにいるのはそのため）。にもかかわらず老皇帝はいささか不機嫌だったというから面白い。それに反して皇太子の方は、たとえプロイセンという名が消えようともドイツ帝国の主となる歓びで高揚《こうよう》していた。ホーエンツォレルン王朝の輝かしい未来を楽観したのだろう（誰もまさか半世紀足らずの命運とは想像もしなかったのだ）。

　ドイツ帝国誕生の瞬間を描いた本作は――ダヴィッドの『アルプス越えのナポレオン』と同じく――好評ゆえに複数のヴァージョン（本人が同じ作品を制作したもの）が制作された。あいにくオリジナルと二番目に描かれたヴァージョンは第二

『アルプス越えのナポレオン』ダヴィッド画

次世界大戦で焼失し、これは三番目に描かれた作品。ヴィルヘルム一世がビスマルク七十歳の誕生日プレゼントとして贈呈したおかげで、今に残った（現ビスマルク博物館蔵）。

戦後、そして岩倉使節団

ドイツ帝国は皇帝を戴く立憲君主制国家であり、且《か》つプロイセンを中心とした二十五の邦国から構成された連邦国家となる。諸邦の代表による連邦貴族院、及び成人男子による普通選挙による帝国議会も有した。

とはいえ実質的には、プロイセン――国土面積と人口が五分の三を占める――がドイツ諸邦を吸収合併したようなものだから、皇帝位はホーエンツォレルン家が代々継承してゆくことに今のところ誰も異存はなく、プロイセン宰相がそのままドイツ帝国宰相となった。ほぼビスマルク独裁といった態《てい》である。

普仏戦争勝利でドイツ帝国が手に入れたものは巨大だった。歴史的に独仏の係争地となってきた資源豊かなアルザス・ロレーヌ（＝エルザス・ロートリンゲン）と、五十億フランという莫大な賠償金。国の工業化はこれまで以上に進み、世界の工場イギリスの地位をすでに脅《おびや》かし始めていた。追い抜くのもまもなくだ。敵対する隣国フランスの弱体化も都合がよ

岩倉使節団。右から大久保利通、伊藤博文、岩倉具視、山口尚芳、木戸孝允

い。ビスマルク個人としては侯爵位を賜《たまわ》ったが、何より国民人気の沸騰《ふっとう》は本人が驚くほどのものだった。

立て続けの三つの「ビスマルク戦争」後は、だがフリードリヒ大王がそうであったように鮮やかに方向転換し、列強のバランスをうまく取った「ビスマルクの平和」と呼ばれる安定をヨーロッパにもたらした。

ちょうどその頃の日本は明治維新期。近代国家としての黎明《れいめい》期だ。後進性を自覚し、西洋文明を吸収する意欲には目覚ましいものがあった。

明治四年（一八七一年）の年末から明治六年（一八七三年）にわたるおよそ二

年、政府は岩倉具視《ともみ》を団長とする視察団を欧米へ派遣した。使節、随員、留学生など、参加者百五十人を超える大がかりなものだった。目的は各国への国書提出、江戸時代に結んだ不平等条約改正の予備交渉、そして先進国の見聞。

船旅なので移動時間は長い。それでもまずはアメリカに七カ月滞在した。その時の、興味深い写真（前ページ）が残されている。右から大久保利通、伊藤博文、岩倉具視、山口尚芳、木戸孝允《たかよし》。岩倉の、和服はまだしも公家風の髷《まげ》が現代人の目には違和感がある（髪の毛が少ないせいもあろう）。とはいえ五人ともその顔つきはきりりとして、新生日本を背負う気概《きがい》に満ちている。

ヨーロッパはイギリス（ヴィクトリア女王に謁見）、イタリア（ベスビオ火山見物）、オーストリア（万博視察）、フランス、ロシアなど十二カ国を回った。もちろんドイツもだ。ドイツには三週間滞在し、最新の工場見学の他、ビスマルクの官邸晩餐会に招待されている。一君主国にすぎなかったプロイセンが短期間に、それもほぼビスマルク一人の剛腕《ごうわん》によって統一帝国にのし上がったという事実は、使節たちを興奮させずにおかなかった。ビスマルクも遠いアジアからの若い訪問者たちにアドバイスして曰《いわ》く、列強の植民地にならぬためには富国強兵に励み、独立を守らねばならない。

感銘を受けた大久保は、「新興国家ヲ経営スルニハ、ビスマルク侯ノ如《ごと》クデアルベシ、我、大イニウナズク」と書いている。他のアジア諸国と異なり、日本が一度も植民地にならなかったのは、ドイツ帝国誕生の華々しい時期に居合わせ、ビスマルクに心酔したことも大きかったのではないか。

日本陸軍の軍制に関しても、最初はフランス式を予定していたのをプロイセン式に改め、モルトケの弟子であるメッケル参謀少佐を日本陸軍大学校教授として招聘《しょうへい》した。三年間に及ぶメッケルの教えは、日清・日露戦争の勝利へと日本を導くことになったのは、よく知られるとおりだ。

第11章

マックス・コーナー『ヴィルヘルム二世』

（一八九〇年、油彩、戦争で行方不明）

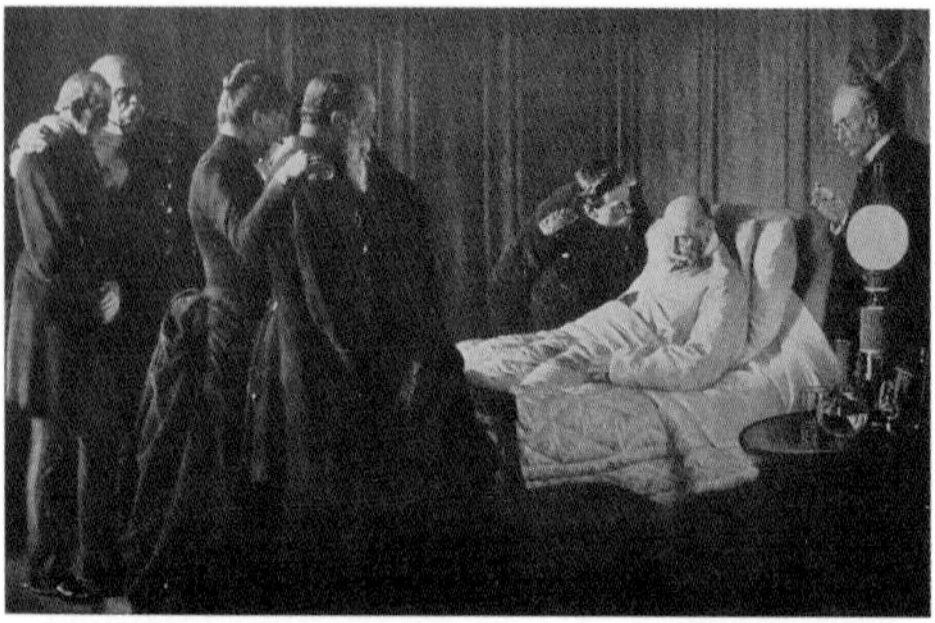

『老皇帝の死』ヴェルナー画

晩年運の持ち主ヴィルヘルム一世は、頑健で長寿だった。病に倒れても持ち直し、このまま永遠に生き続けるかと思われたが、九十歳を越えてさすがに老衰で弱りだす。弱ると急速だった。それでも痛み止めのモルヒネを打ちながら執務を続け、崩御前日もビスマルクと軍拡法案について話しあっている。その際、遺言のように、「孫が皇帝になったら補佐を」と、改めて頼んだという。

一八八八年、帝国議会で皇帝崩御の報告をするビスマルクの声は震《ふる》え、言葉は途切れ、ついには手で顔をおおい、嗚咽《おえつ》をもらして議員らを驚かせた。七十二歳の老宰相は戦友を失い、片翼をもがれたのだ。もうこれまでどおり悠然と空を飛ぶことはできない。

だがビスマルクの涙は、単に己の権力の弱体化を嘆くものではなかった。二人の頑固者の関係を想う時、落語で言う、「碁敵《ごがたき》は憎さも憎し懐《なつ》かしし」の言葉がしっくりくる。囲碁でひんぱんに手合わせし、敗けると悔しいし憎くもなるが、しばらくするとまた対局したくてたまらなくなる相手。力量が違いすぎればそうはならない。互角の手ごわい相手だからこそ、愛憎半《あいぞうなか》ばする。失って初めて、どれほどかけがえのない存在だったか思い知る。

ヴィルヘルム一世はビスマルクの政策に否《いな》を発することが多く、だからこそビスマルクは知恵をしぼって練《ね》り直し、説得させるだけの十分な論拠を用意した。皇帝の胸先三寸でいつでも宰相は罷免《ひめん》されてしまう。ゆえにビスマルクは常に成功しなければならず、実際、成功し続けた。そんな宰相に去られることを、皇帝は何より恐れた。お互い腹を立てつつ離れがたく、苦労も多いがやり甲斐《がい》も大きい。二人を引き裂こうとする勢力は常にあったが、彼らの信頼関係はびくともしなかった。

皇曽孫ヴィルヘルムを抱くヴィルヘルム一世（中央）、皇太子フリードリヒ（後のフリードリヒ三世）（左）、皇孫ヴィルヘルム（右）

老帝と鉄血宰相の稀《まれ》にみるコンビネーションが、ドイツ帝国を作りあげ、ここまで強大にしたのだ。

はたして次の代もそううまくゆくか？

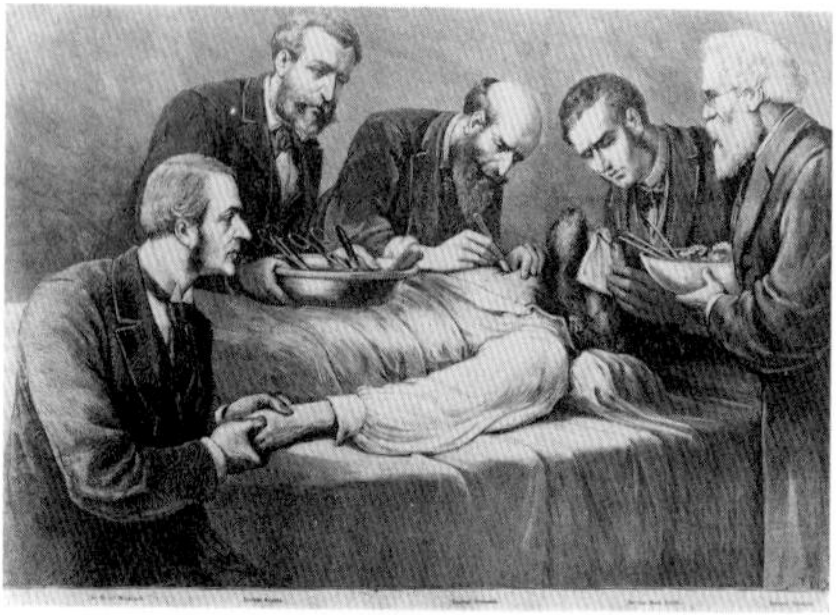

フリードリヒ三世の手術の様子を描いた版画

「三皇帝の年」

ヴィルヘルム一世が息子ではなく孫の将来をビスマルクに託したのには、わけがある。息子である皇太子が先の長くないことは周知の事実だったからだ。父帝崩御後、ただちに五十六歳の皇太子はフリードリヒ三世（在位一八八八）として跡を継ぐが、前年受けた喉頭癌《いんとうがん》手術の予後が悪すぎ、戴冠式すら行える状態になかった。

手術の様子を描いた版画が残されている。執刀しているのは当時ドイツでもっとも有名な咽喉専門医クラウゼ、皇太子の口元に麻酔薬を含ませた布を当てているのは、同じ専門医でイギリスから招聘されたマッケンジーだ。なぜイギリス人が加わったのか？　当時ヨーロッパの医学界を席巻《せっけん》していたのはドイツなのに（コッホたちによる結核菌やコレラ菌発見など）。

これは皇太子妃ヴィッキーの意向だった。英国ヴィクトリア女王の長女ヴィッキー（容姿は母親の若い頃そっくり）は、研究主体のドイツ医学より、臨床を重視したイギリス医学のほうに信を置いていた。ヴィクトリア女王がこの三十年以上も前に、クロロフォルムを使った無痛分娩に成功していたことも大きい。

　とはいえヴィッキーのこの口出しは、両国の医者たちの間に治療法をめぐる軋轢《あつれき》を生んだばかりでなく、彼女自身の人気低下に拍車をかけただけだった。何につけ故国の優位性を鼻にかける「イギリス女」として嫌われており（マリー・アントワネットが「オーストリア女」と呼ばれたのを思い起こさせる）、皇太子が自由主義的思想の親英派になって父帝やビスマルクから疎《うと》まれているのも、彼女の影響とされていたのだ（当たらずといえども遠からず）。

『ドイツ皇后ヴィクトリア（ヴィッキー）』ヴィンターハルター画

　いずれにせよ、フリードリヒ三世の寿命は定められていたのだろう。彼が（たとえ名目だけでも）皇帝だった期間は三月から六月までの、わずか三カ月にすぎない。ドイツ帝国は同年二度

『ヴィクトリア女王の家族』ヴィンターハルター画。右端がヴィッキー

目の重苦しい弔《ちょう》旗《き》を掲げ、フリードリヒ三世の長子がヴィルヘルム二世（在位一八八八～一九一八）として帝位についた。こうして一八八八年は「三皇帝の年」と呼ばれることになる。

この時点での若き皇帝ヴィルヘルム二世はビスマルクからの期待も大きく、誰ひとりラストエンペラーになるなどと予想した者はいなかった。

不運なフリッツ

今少しフリードリヒ三世について触れておこう。

若いころの彼は「我らがフリッツ」と呼ばれ、大変な国民人気を誇った。ゲルマン的な男らしい容姿を備え、ボン大学で幅広い教養を身につけただけでなく、かのモルトケのもとで軍事学を修めて、実戦（とりわけ普仏戦争）で目覚ましい活躍を見せていた。

八歳下のヴィッキーとは恋愛結婚に近い。彼女の流暢《りゅうちょう》なドイツ語（もともと英国王室はジョージ一世からドイツ系）、勝気で活発なところに惹かれたのだが、それ以上に感銘を受けたのは、彼女の母ヴィクトリア女王とアルバート公の夫婦仲の良さだった。自分の両親がずっと冷ややかな関係だったので、ヴィッキーとなら幸せな夫婦になれると期待した。

『フリードリヒ三世と家族』
ヴィンターハルター画

　期待どおり、妃とは仲睦《なかむつ》まじく暮らし、八人の子どもにも恵まれた。夫婦は政治信条も同じで、ある意味では老帝とビスマルクの関係に似ていなくもないが、ビスマルクと違ってヴィッキーには政治手腕も人気もなかった。

「我らがフリッツ」は、もともと大学で自由主義に傾倒していたから、イギリスをモデルにした立憲君主制の可能性も考えるようになっていた。これが自由を求める人々からの支持に繋《つな》がったのだが、プロイセン中心のドイツ帝国創設を第一と考えていた父帝とビスマルクにとって、フリッツは獅子身中の虫のようなもの。新国家に急激な自由主義導入は混乱のもとと考えたビスマルクは、ドイツ帝国を誕生させた後も巧みにフリッツを政治から遠ざけた。

そんなビスマルクを夫以上に嫌ったのはヴィッキーだ。もとより彼女は国政や文化を含むドイツ的なるもの全てを軽蔑し、大国イギリス王室の一員たる矜持《きょうじ》を何かにつけてひけらかした。早く夫が帝位に就いて、ドイツをイギリス化させてほしいと願った。結婚してから三十年以上もその日を待ち続け、ようやく順がまわってきた時、不運なフリッツは死病に取り付かれていたというわけだ。

歴史に「ｉｆ」はないとはいえ、もしもっと早くフリードリヒ三世が戴冠しドイツが立憲君主制になっていれば、現ウィンザー家のようにホーエンツォレルン家も今に続いていたろうか？　いや、そうは思えない。老獪《ろうかい》なビスマルクにしてやられる一方だったフリッツが、周囲の強国敵国に伍して戦うことができたかどうか疑わしい。

『ヴィルヘルム二世の帝国議会開会宣言』ヴェルナー画

ビスマルクの予言

父フリードリヒ三世崩御とともに、二十九歳のヴィルヘルム二世が誕生した。二十代で玉座におさまったのは、およそ九十年前のフリードリヒ・ヴィルヘルム三世（「不定詞王」）以来で、年齢だけ見ると清新な風が吹くようだ。しかし実態としては、立憲君主制など見向きもせず、プロイセン式王権の信奉者で、だからこそ祖父とビスマルクから期待されたのだ。

扉絵を見てみよう。

ドイツの肖像画家マックス・コーナー描く、三十一歳のヴィルヘルム二世。視線をはるか遠くへ向け、どうだ、と言わんばかりにそっくりかえる。大きなフリンジ付きマント。プロイセンの黒鷲勲章。先の尖《とが》ったピカピカのブーツ。後ろの小テーブルには帝冠。右手には宝石を象嵌《ぞうがん》した王笏《おうしゃく》。左手は剣の柄を握る。そして髭《ひげ》は、かの有名なカイゼル髭。ドイツ語のKaiser（カイザー、カイゼル＝皇帝）に由来し、ヴィルヘルム二世のこの口髭を指す。長めに伸ばして油で固め、先を跳《は》ね上げた独特の形を真似する者が続出し、一世を風靡《ふうび》した。

　この肖像画、いや、他のどの肖像画や写真を見ても気づく者はほとんどいないだろうが、ヴィルヘルム二世には肉体的ハンディがあった。左腕がほとんど利かず、肩からぶらんと下がった状態だったのだ。無論この絵のようにしっかり柄を握ることはできない。左手のサイズも右より小さく、公式写真の場合は必ず右手で左手を被《おお》うようにして写した。

　ヨーロッパにおける支配階級は、（今なおその残滓《ざんし》はある）下々の者との違いをまず体格の良さ、肉体の完璧さで測ったのであり、頭が悪いことより肉体の欠陥のほうを恥じた。

　ヴィッキー、十八歳での初産《ういざん》だった。大英帝国イギリスを背負っての長子出産が逆子《さかご》で（当時は死と隣あわせの難産）、宮廷医たちの奮闘によって母子とも命は助かったものの、子の左腕の機能だけは救えなかった。誇り高きヴィッキーが、生まれた子を見てどう思ったか、想像に難《かた》くない。自分も息子も決して誰からも笑われるようなことがあってはならぬと、ヴイッキーは激しい苦痛を伴うありとあらゆる治療を幼い我が子に施した。

結局、医学で治るものではないと諦めると、今度は猛烈なスパルタ教育に切り替えた。本人の努力は並大抵ではなかったろう。だが彼は耐え抜き、萎《な》えた片腕のせいで首を傾《かし》げがちになる癖を矯正《きょうせい》し、王侯に必須の乗馬や、特殊な銃ではあるが射撃もできるようになった。テニスも楽しんだ。それも勉学や軍事などの帝王学修得と並行しての、たゆまぬ訓練の成果であった。だがその成果の反動のように、ヴィルヘルム二世は母親を憎悪するようになる。

1888年頃のヴィルヘルム二世とビスマルク

こんな姿に産み、こんな膨大な努力を強いた母を許せなくなる。母子の間に、ついに愛は育《はぐく》まれなかった。青年期を迎えた息子を評してヴィッキーは、謙虚さも善意もなく、傲慢《ごうまん》でエゴイストだと言い放つ。似た者同士だったのだろう（後年、母親が亡くなった時、イギリスへの埋葬を望んでいたのを知りながらベルリンに埋葬して積年の恨みをはらした）。

　敵の敵が味方なのは、家族も同じなのかもしれない。母ヴィッキーの敵である祖父帝に、孫は急接近した。そして肉体的欠陥を精神力によって克服した孫を、祖父は

英国パンチ誌の風刺画「水先案内人の下船」

ことのほか可愛がった。プロイセン魂は受け継がれたかに見えたが、問題は――母親の言うとおり――ヴィルヘルム二世に謙虚さがゼロ、傲慢度がマックスであったことかもしれない。十六歳で早くも、自分は第二のフリードリヒ大王になると吹聴《ふいちょう》したほどだ。

統治の初期、新帝は宰相位にビスマルクを据えおいた。国民のビスマルク支持が熱狂的だからだ。内心では自分ひとりで統治したくてたまらなかった。祖父帝のように、ビスマルクと手柄を分け合いたくはなかった。謙虚さゼロとは、甘言に弱く、万能感の持ち主ということでもある。周りに集まってきたのは彼をおだてるイエスマンの貴族連中ばかりで、フリードリヒ大王が偉大だったのはビスマルクのような臣下がいなかったからだ、と進言する者までいたらしい。

ヴィルヘルム二世はビスマルクと手を切ることを望み、チャンスをうかがっていた。帝冠をかぶってからわずか一年九カ月後の一八九〇年三月、彼はビスマルクを罷免《ひめん》した。理由は、ルール炭田におけるストライキに社会主義者が関与しているとしてビスマルクが経営者サイドに立ったのに対し、若い皇帝は貧しい者の味方であるというところを見せて対立したからだ（結局、数年後にはビスマルクより厳しい社会主義者弾圧を行うのだが）。

この頃にはもうすでにビスマルクはヴィルヘルム二世の弱点をすっかり見抜き、こんな皇帝では自分でそれと知らずドイツを不利な戦争へ導いてしまうのではないか、と危惧《きぐ》していた。ビスマルクの持ち出す政策の根拠に、ヴィルヘルム二世は耳を貸すことすらしなかった。一流は一流を知るが、二流の人間に一流の人間の力量はわからない。

ビスマルクが政治の表舞台を去ったことは、ヨーロッパ中に激震をもたらした。イギリスの風刺漫画雑誌『パンチ』による挿絵のタイトルは、「水先案内人の下船」（前ページ）。水先案内人なくして、大型船の船長ははたして港に着けるのか？　それがドイツと縁戚となったイギリスの不安であったろう。

晩年のビスマルクは、こう予言した。「フリードリヒ大王の死から二十年後にイェーナ（ナポレオンのプロイセン侵攻を指す）があった。今のような統治が続くならば、私の退官から二十年後にふたたび崩壊が訪れるであろう」（魚住昌良監訳）

「私の退官」ではなく「私の死後」であれば、この予言の数字はぴったり当たっている。ビスマルクが病死したのは一八九八年。その二十年後、一九一八年は、第一次世界大戦の終結であり、ドイツ帝国崩壊の年だから。

第12章

ジョン・シンガー・サージェント『ガス』

（一九一九年、キャンバスに油彩、ロンドン帝国戦争博物館、二三一×六一一cm）

ヴィルヘルム二世の統治は、三十年。間違いなく初めの二十年近くは順調で、このまま栄光のカイザー時代が続けば、フリードリヒ大王と肩を並べる人気を手にできたかもしれない。

ドイツ帝国自体にも勢いと高揚感があった。農奴を抱えたロシアのような絶望的貧富の差、オーストリア＝ハンガリー二重帝国の複雑な多民族問題、イギリスにおける宗教絡《がら》みのアイルランド紛争といった難問もほとんどなく、社会主義運動も抑え込みが効いて、まだ他国ほど深刻化していなかった。何より「世界の工場」イギリスを猛追する経済発展により、国民各階層の多くが将来に希望を持つことができ、新帝の自惚《うぬぼ》れと軽率からくる失言癖もおおむね看過された。

ヴィルヘルム二世の家庭生活も円満。皇太子時代に妃として迎えたシュレースヴィヒ＝ホルシュタイン公国の公女アウグステ・ヴィクトリア（大叔母がヴィクトリア女王なので、ヴィルヘルム二世とは又従妹《またいとこ》）が頑健な六人の男児を産んだことも、王位継承盤石と国民の安心感に繋《つな》がった。

世継ぎに関しても他の王家は綱渡り状態だった。ハプスブルク家では一人息子たる皇太子の自殺、帝弟のメキシコでの銃殺、さらにはエリザベート妃の暗殺と続き、ロマノフ家ではやっと生まれた一人息子が血友病（当時は不治の病）で先は長くないとされ、イギリスではヴィクトリア女王と皇太子（後のエドワード七世）の仲が険悪で、さらにその次の後継候補クラレンス公は、切り裂きジャック説まで出るほどの問題児だったからだ。

記念ポストカード

二十世紀幕開けの一九〇一年、「プロイセン王国二百周年記念絵葉書」が発行された。見てのとおり、もっとも目立つ下段中央に、立派なカイゼル髭をたくわえたヴィルヘルム二世が大きく描かれる（現帝なので、これは当然だろう）。

あだ名とともに初代からもう一度振り返ってみると――。

プロイセン王国二百周年記念絵葉書。下段中央がヴィルヘルム二世

上段左、フリードリヒ一世（猫背のフリッツ）、右、フリードリヒ・ヴィルヘルム一世（兵隊王）。

中段左端、フリードリヒ二世（大王）、その隣ではなく右端、フリードリヒ・ヴィルヘルム二世（デブの女誑し）、中央左、フリードリヒ・ヴィルヘルム三世（不定詞王）、中央右、フリードリヒ・ヴィルヘルム四世（ひらめ）。

下段左端、ヴィルヘルム一世（白髭王）、右端、フリードリヒ三世（我らがフリッツ）、中央、ヴィルヘルム二世（皇帝ビル、後に「最後の皇帝」）。

この絵葉書が出回っているころ、いったい誰に想像できたろうか、ホーエンツォレルン家のプロイセンが、いや、ドイツ帝国が、この先長くないなどということを。テクノロジーの発展に連動して世界が暴れ川の様相を呈し、ドイツもまたそこに呑み込まれるなどということを……。

膨張政策から第一次世界大戦へ

ヴィルヘルム二世は昔から船好きだった。室内用ヨット玩具に入って遊ぶ幼児時代の写真が残っているし、少年時代には海軍国イギリスを訪問中、港の船団に感銘を受けたという。長じてはホーエンツォレルン号と名付けた大型ヨットを自ら操縦して船旅を楽しみ、海軍提督の軍服姿の肖像画（次ページ）まで描かせている。

重要なのは、それが個人的趣味に終わらなかった点だ。ドイツの海岸線は短く、帝国はずっと陸軍の強さで成り立ってきたが、ヴィルヘルム二世は「未来は海上にあり」と転換を図った。即位後ただちに帝国海軍省を創設し、イギリスに負けぬ海軍力（大艦隊やUボート）を有して植民地獲得に乗り出す。さらには大鉄道網によって西アジアにまで進出しようとした。これらは海外事業を目論《もくろ》む資本家たちの意にもかなった。

しかし当然ながらこうした膨張政策は他の列強と軋轢《あつれき》を起こし、ひいては後世の歴史家からヴィルヘルム二世のドイツが諸悪の根源だったと罵《ののし》られることになるが、それは敗戦国に着せられる汚名でもあろう。ドイツは何も目新しいことをしようとしたわけではなく、イギリスやフランスなどがずっと以前からやっていたことに参入しただけだ。良し悪しは別として、当時は植民地帝国主義の時代だった。列強が世界中の弱小国を餌食《えじき》にして旨味《うまみ》をすすっているところへ、急激にのし上がったドイツが割り込んできた、

『海軍提督としてのヴィルヘルム二世』ベーレンス画

1914年のサラエボ事件（ハプスブルク家皇太子とその妃暗殺事件）を描いた新聞挿絵

許しがたい、というわけだ。

とはいえ、ドイツのやり方が性急すぎ、これみよがしにすぎたとは言えるかもしれない。危機感を覚えた英仏露にタッグを組ませてしまった。追い打ちをかけるように、ヴィルヘルム二世の舌禍《ぜっか》が加わる。一九〇八年の「デイリー・テレグラフ事件」である。

渡英した皇帝が旧知のイギリス人大佐との対談に応じたのが発端《ほったん》だ。要約がデイリー・テレグラフ紙に掲載されると、世界中が仰天《ぎょうてん》した。なにしろ「ドイツ国内に親英派は少ない、だが自分は違う」「戦艦建造は対英ではなく対極東のため」「イギリスがボーア戦争（＝南ア戦争）に勝ったのは自分のおかげ」etc.と明言していたのだ。

ドイツにおける反イギリス感情を世界に知らしめ、一方で自らの血筋（祖母がヴィクトリア女王）を改めて強調し、黄禍《こうか》論者であり、且つ桁外《けたはず》れの自惚《うぬぼ》れ屋だということを、恥ずかしげもなく外へ晒《さら》した。これにはイギリスや日本ばかりかドイツ国内も憤激し、王室不要論まで飛び出す始末。ヴィルヘルム二世の失言癖には慣れていた政府も、今回の件で改めてその外交音痴《おんち》に恐れをなし、以後、できるだけ彼を政治から遠ざけようとの動きが強まった。本人はイギリスとの関係改善を目指しての発言のつもりだったので、こうした反響に動揺し、そうとう自信をなくしたと言われる。これが統治の転換点だった。以来、彼の国民人気が復活することはない。

この前後から、世界はかなりキナ臭くなってきている。日清戦争、ボーア戦争、義和団事件、日露戦争、第一次・第二次モロッコ事件、伊土戦争（イタリア対オスマン・トルコ）、第一次・第二次バルカン戦争と続き、ついに一九一四年六月、「ヨーロッパの火薬庫」と呼ばれていたバルカン半島に運命の銃声が鳴り響く。

ハプスブルク家の皇太子（実子を失ったフランツ・ヨーゼフ皇帝は、甥のフェルディナントを後継者に指名していた）が、サラエボで反政府のセルビア人に暗殺されたのだ。

ヴィルヘルム二世が電報を受け取ったのは、ヨット・レースに参加するため乗船していたホーエンツォレルン号の船上だった。レースを中止にすべきだろうか、と側近に尋《たず》ねたと言われている。

出征兵士の列車写真。大きく「パリへのハイキング」などと落書きされている

次々に大王朝が瓦解

皇太子暗殺は最初のうちはまだオーストリアとセルビアの二国間問題として、局地的な第三次バルカン戦争で終わると思われた。だが翌月七月末にオーストリアがセルビアに宣戦布告すると、セルビアを支援するロシアが出てきて、ロシアと同盟を結ぶフランスも加勢する。そこでオーストリアの同盟国ドイツはすぐさまフランスに宣戦布告して中立国ベルギーに侵入。それに対して今度はイギリスがドイツに宣戦布告、さらにトルコ、アメリカ、日本、南米なども入り乱れ……というふうに、連鎖的に世界へ拡がっていっての「世界大戦」である。

奇妙なことに敵も味方も一様に楽観し、ク

リスマスまでには自分たちの勝利で決着がつくと信じていた。ドイツは六週間で終わらせる「予定」だった。兵を乗せた出征列車の写真にも「パリへのハイキング」とペンキで大書してある。

　周知のようにこの戦争は、騎馬隊や塹壕《ざんごう》といったそれまでどおりの戦法と並行し、飛行機や戦車や潜水艦や毒ガスといった大量殺傷能力のある新兵器も投入された、四年四カ月に及ぶ未曽有《みぞう》の「人災」だった。戦死者は約一千万、戦傷者はその倍、行方不明者は八百万とされる。

　扉絵は、従軍画家としてイギリス政府から西部戦線に派遣されたジョン・シンガー・サージェントによる『ガス』。ドイツのマスタード・ガスにやられて目を負傷した兵士たちが、衛生兵に導かれ、それぞれ前の兵士の肩に手をおいて一列になり、おぼつかない足取りで医療テントに向かう衝撃的シーンだ。ガスの影響で火傷《やけど》した者、嘔吐《おうと》する者もいる。地面には折り重なって横たわる大勢の重傷者。背景には沈みゆく夕陽。

　毒ガスを真っ先に使用したのはドイツだったが、やがて敵も使うようになる（同じ西部戦線で、当時一兵卒だったヒトラーも毒ガスで一時的に目が見えなくなったことはよく知られている）。

ヴィルヘルム二世は軍の最高司令官であり、己の能力の本分は戦争だと自負していたので、大戦中はベルリンを離れてずっと大本営生活だった。だが彼の無能を知った上層部は意見に耳を傾けなくなってゆく。特に後半、参謀総長にヒンデンブルク、参謀次長にルーデンドルフを選任すると、ほとんどこの二人の独裁の様相となり、皇帝は完全に蚊帳《かや》の外へ置かれてしまう。ヴィルヘルム二世は友人に嘆いて曰《いわ》く、ここでは自分は影のようなものだ、お茶を飲んで散歩するだけだ。

お茶を飲み、散歩しているうちに戦争は終わった。終わってみるとハプスブルクもロマノフもオスマン・トルコも消滅していた。ホーエンツォレルンも王政廃止せざるを得ないと告げられ、ヴィルヘルム二世はオランダに亡命した。ただし七十人もの従者と莫大な資産を持って。

王政復古の夢

ホーエンツォレルン王朝が第一次世界大戦終了とともに完全に終わったことを、現代の我々は知っている。だが当時のドイツにはルーデンドルフの唱える「匕首《あいくち》論（＝背後の一突き論）」（ドイツ軍は前線で勝っていたのに国内の革命派と和平派に背中を刺されて勝手に白旗を揚《あ》げられ、敗戦ということにされてしまった）を――皇帝がオランダで退位表明をした後もなお――信じる者が多かった。

　ヴィルヘルム二世自身、王政復古の夢を長く強く持ち続けた。ドイツは社会主義革命か、それとも王政廃止の上で共和制に移行かという選択を迫られ、上層部が後者を選んだにすぎない。君主制に慣れた国民は必ずやまた自分を必要とするだろうと期待したのだ。しかし妃はそうは考えていなかったらしい。王妃の座を追われた苦痛から心身にダメージを受けた彼女は、亡命生活二年半で、ドイツへの郷愁に焦《こ》がれながら病死した（早くもその翌年、ヴィルヘルム二世は息子らの反対を押し切って、二十八歳下の活発で生き生きしたヘルミーネ・ロイス・ツー・グライツと幸せな再婚をしている）。

　再婚が成功だったように、亡命という選択が正しかったことも判明する。亡命失敗に終わったロマノフ家は革命軍によって無残な一家皆殺しにあっていた。当時は詳細が隠されていたが、突然の行方不明が何を意味するか、各国政府はどこも薄々気づいていた。ヴィルヘルム二世に対しては、終戦後まもなくのイギリスが裁判のため引き渡すようオランダに迫った。イギリス国民はヴィルヘルム二世を激しく憎んでいたから、明らかに有罪ありきの裁判であろう。オランダ女王ウィルヘルミナは頑としてこれを拒む。

平服姿のヴィルヘルム二世

　そしてイギリス王室も陰ながらオランダを支援していた。大戦の近づきつつあった時期に戴冠したジョージ五世は、国民の反ドイツ感情に配慮してサクス・コバーグ・ゴータ（ドイツ語読みはザクセン・コーブルク・ゴータ）という、はっきりドイツ出身とわかる王朝名をウィンザー朝へと（泣く泣く）変更し、王室からドイツ色を一掃《いっそう》することで何とか王政維持を図った。

　そのため従弟《いとこ》であるロマノフ家のニコライ二世を救うことができず、ジョージ五世の心の痛みは大きかった。今また同じ血筋のヴィルヘルム二世を生贄《いけにえ》にはしたくない。こうしてヴィルヘルム二世は自らの人徳というより、王族の結束によって救われたと言える。

　亡命十五年目のヴィルヘルム二世の写真（右上）は、終《つい》の住まいドールン城をバックにした平服姿。かつての彼は、ホーエンツォレルン家たる者は平服など着ない、と突っぱねていたのに、タバコを指ではさんだ、実に自然でダンディな姿だ。富裕な大貴族としての暮らしが板についている。回想録を執筆し、客人をもてなし、趣味の薪《まき》割《わ》りに精を出し、なおまだ復古の夢は捨てていなかった。それがナチスとの一時的な接近となるが、けっきょく双方ともに嫌悪を覚えてまとまらなかった。

一九四一年、第二次世界大戦の只中、独ソ戦開始直前に、ヴィルヘルム二世は八十二歳の生涯を閉じた。すでにドイツ帝国が消滅して四半世紀近く経《た》っていたが、それでも当時の人々の心情としては、この元カイザーの死によってプロイセン王室のほんとうの終わりが証明されたように感じられたのではあるまいか。

あとがき

本シリーズが私にとって特別な意味をもつことを、以前読売新聞の「始まりの1冊」というコラムに書いたことがある。全文ではないが、以下に転載する。

＊

――大学で語学や西洋文化史を教えながら、翻訳書やオペラの本などを出してきた。ほとんど初版止まりで、自分の出す本は売れないものと思い、特に痛痒《つうよう》も感じていなかったところ、初めて関わった某出版社の編集者さんから「全然売れないじゃないか。どうしてくれる」と怒りの電話をもらい、目が覚めた。

それまでの私は全くプロ意識がなかったのだ。いくら読者層の薄いジャンルの本であれ、世に出した以上は出版社の迷惑にならないよう、しっかり版を重ねる作品にしなければいけないと、遅まきながら猛省した。以降は、たくさん売れますように、と心の中で神仏に祈るのも忘れない。

しばらくして『怖い絵』を書き下ろし、疲れをとりに沖縄へ遊びに行く。那覇市で猛烈な俄雨《にわかあめ》に遭遇したと思うとたちまち空が青く明け、大きな美しい虹がかかったではないか。あ、『怖い絵』は売れるな、となぜか（神がかっていたので？）確信した。確信どおり、順調に売り上げをのばし、多くの新聞、雑誌、テレビに取りあげてもらう。

そんな折り、光文社新書の若い女性編集者山川江美さんから連絡があり、新作を依頼された。前からハプスブルク家に関心があったので、主要絵画（主に肖像画）十二枚を基軸に、六百年以上続いた大王朝の光芒《こうぼう》を駆け足ながら辿《たど》ってゆくことにした。タイトルは二転三転の末、『名画で読み解く　ハプスブルク家　12の物語』と決まる。刊行は『怖い絵』からおよそ一年後の二〇〇八年夏だった。

このころになると『怖い絵』に対して、タイトルで売れただけだ、との批判も耳にし、すっかり自信喪失中。小説では新人賞を取るより次回作をヒットさせるほうが難しいと言われているし、このハプスブルク本が読者に受け入れられなければ、私もこれまでだなあ、と心配は募《つの》るばかり。虹も見えず……。

そこで、いよいよ書店に並ぶという前日、山川さんをランチにお誘いし、「もし全然売れなくて迷惑かけたら本当にごめんなさい、先に謝っておきますね」と言った。すると彼女は「えっ！」と声に出して驚き、私同様、猛烈に不安になったらしい。ランチタイムはどんよりしてしまう。

迎えた翌日。彼女からこんなメールがきた、「売れてます、ものすごく売れてます！」あとで聞いたところでは、心配で心配でいくつもの書店を自分の足でまわってチェックしてくれたのだという。なんとありがたい。その日のうちに重版が決まり、二刷が印刷し終える前に、もう三刷が決まった。

そんなわけで私にとっては『怖い絵』よりむしろ『ハプスブルク家　12の物語』こそが「始まりの1冊」だ。この本を出したことで、いちおうプロの物書きとしてやってゆく自信がつき、大学を辞める決心もついたのだから。

＊

という次第で、当初はハプスブルク家一冊で完結のはずが、その後ブルボン王朝、ロマノフ家、イギリス王家とシリーズ化し、幸いどれもロングセラーになっている。そしてもちろん今も私の第一の願いは、担当者さんに喜んでもらうこと。第五弾にあたるこのプロイセン王家も、どうかできるだけ多くの方に手に取ってもらえますよう。そして本書担当の樋口健さんに喜んでもらえますよう。

中野京子

【主要参考文献（日本語のみ）】

『図説　プロイセンの歴史　伝説からの解放』（セバスティアン・ハフナー／魚住昌良監訳、川口由紀子訳、東洋書林、2000 年）

『ドイツ帝国の興亡　ビスマルクからヒトラーへ」（セバスチャン・ハフナー／山田義顕訳、平凡社、1989 年）

『ドイツ十八世紀の文化と社会』（マックス・フォン・ベーン／飯塚信雄訳、三修社、1984 年）

『ドイツ帝国　1871-1918 年』（ハンス＝ウルリヒ・ヴェーラー／大野英二・肥前榮一訳、未来社、2000 年）

『夢遊病者たち　第一次世界大戦はいかにして始まったか』〈全 2 巻〉（クリストファー・クラーク／小原淳訳、みすず書房、2017 年）

『ドイツの人びと』（ヴァルター・ベンヤミン／丘沢静也訳、晶文社、1984 年）

『メンツェル　サンスーシのフルート・コンサート　美術に見る歴史問題』（ヨスト・ヘルマント／神林恒道・三浦信一郎訳、三元社、2014 年）

『戦争と資本主義』（ヴェルナー・ゾンバルト／金森誠也訳、講談社学術文庫、2010 年）

『年代別エピソードで描く　天才たちの私生活』（ゲルハルト・プラウゼ／畔上司・赤根洋子訳、文春文庫、1998 年）

『十八世紀のドイツ』（ヴァルター・H・ブリュフォード／上西川原章訳、三修社、1980 年）

『「音楽の捧げもの」が生まれた晩　バッハとフリードリヒ大王』（ジェイムズ・R・ゲインズ／松村哲哉訳、白水社、2014 年）

『クルップの歴史　1587 - 1968』（ウィリアム・マンチェスター／鈴木主税訳、フジ出版社、1982 年）

『ドイツ史　世界各国史 3』（林健太郎編、山川出版社、1970 年）

『ドイツ史 10 講』（坂井榮八郎、岩波新書、2003 年）

『図説　ドイツの歴史』（石田勇治、河出書房新社、2007 年）

『第一次世界大戦史　諷刺画とともに見る指導者たち』（飯倉章、中公新書、2016 年）

『図説　バルカンの歴史』（柴宜弘、河出書房新社、2019 年）

『ドイツ三〇〇諸侯　一千年の興亡』（菊池良生、河出書房新社、2017 年）

『物語ドイツの歴史　ドイツ的とはなにか』（阿部謹也、中公新書、1998 年）

『ビスマルク　ドイツ帝国を築いた政治外交術』（加納邦光、清水書院、2001 年）

『ムーサの贈り物　絵画・詩・音楽の出会うところ　ドイツ編』（喜多尾道冬、音楽之友社、2005 年）

『ヴィルヘルム 2 世　ドイツ帝国と命運を共にした「国民皇帝」』（竹中亨、中公新書、2018 年）

『名画で読み解く　王家　12 の物語』シリーズ（中野京子、光文社新書）

1866	普墺戦争開戦。
1870	エムス電報事件。普仏戦争開戦。
1871	ドイツ帝国創設。ヴィルヘルム一世、初代ドイツ皇帝に即位。ビスマルクは帝国宰相に就任。岩倉使節団、欧米を訪問。
1888	フリードリヒ三世（第八代・我らがフリッツ）、ドイツ皇帝とプロイセン王に即位、三カ月後に死去。ヴィルヘルム二世(第九代・最後の皇帝)、ドイツ皇帝とプロイセン王に即位。
1890	ヴィルヘルム二世、ビスマルクを罷免。
1898	ビスマルク病死。
1908	デイリー・テレグラフ事件でヴィルヘルム二世が批判を受ける。
1914	第一次世界大戦勃発。
1918	第一次世界大戦終結。ドイツ帝国崩壊。
1941	ヴィルヘルム二世、死去。

1763	フベルトゥスブルク講和条約締結。プロイセン、シュレージエンを取り戻す。
1769	オーストリアのヨーゼフ二世、フリードリヒ二世を非公式に訪問。
1772	プロイセン、ロシア、オーストリアによる第一次ポーランド分割。
1786	フリードリヒ・ヴィルヘルム二世（第四代・デブの女誑し）、プロイセン王に即位。
1791	ヴァレンヌ逃亡。フランスでルイ十六世とマリー・アントワネットが亡命に失敗。
1793	プロイセンとロシアによる第二次ポーランド分割。
1795	プロイセン、ロシア、オーストリアによる第三次ポーランド分割。ポーランドが地図から消える。
1797	フリードリヒ・ヴィルヘルム三世（第五代・不定詞王）、プロイセン王に即位。
1806	ナポレオン率いるフランスにより、ドイツ諸領邦がフランス保護下に。首都ベルリンを明け渡す。
1807	ティルジット条約締結。プロイセンは人口・領土の半分を失う。
1812	プロイセン、ロシアと同盟を結ぶ。
1813	ロシア・プロイセン連合軍、フランスに敗退。
1814	ロシア・オーストリア・プロイセンにイギリスなども加わった連合国、フランスに勝利。ナポレオンは島流しとなる。ウィーン会議が始まる。
1840	フリードリヒ・ヴィルヘルム4世（第六代・ひらめ）、プロイセン王に即位。
1842	ケルン大聖堂の建設続行を決定。
1848	三月革命（ベルリン暴動）。パリ、ウィーン、ブダペストでも革命勃発。
1849	プロイセン、二十八カ国から成るドイツ連盟を設立。
1861	ヴィルヘルム一世（第七代・白髭王）、プロイセン王に即位。
1862	オットー・フォン・ビスマルク、プロイセン宰相に就任。

【年表（本書に関連した事項のみ）】

１１世紀半ば～１３世紀	ドイツ南西部シュヴァーベン地方の豪族・ツォレルン家、ホーエンツォレルン山頂に築城、ホーエンツォレルン家に家名を変更。
１５１０	アルブレヒト・ホーエンツォレルン、ドイツ騎士団（＝チュートン騎士団）総長に選出。
１５２５	アルブレヒト・ホーエンツォレルン、プロイセン公国君主を宣言。
１６４０	フリードリヒ・ヴィルヘルム（大選帝侯）、ブランデンブルク選帝侯の座に就く。
１６８８	フリードリヒ三世、第六代プロイセン公の座に就く。
１７００	スペイン王カルロス二世、死去。
１７０１	プロイセン公国がプロイセン王国となり、フリードリヒ三世がプロイセン王フリードリヒ一世（初代・猫背のフリッツ）となる。
１７１３	フリードリヒ・ヴィルヘルム一世（第二代・兵隊王）、プロイセン王に即位。
１７３０	王子フリードリヒ（のちのフリードリヒ二世）、側近のカッテ少尉と国外逃亡を企て、失敗。フリードリヒは幽閉、カッテは斬首となる。
１７３１	プロイセン、ザルツブルクから追放された2万人のユグノーを移民として受け入れる。（～1732）
１７４０	フリードリヒ二世（第三代・大王）、プロイセン王に即位。
１７４１	モルヴィッツの戦い（対オーストリア軍）。
１７４２	シュトゥジッツの戦い（〃）。
１７４５	フリードリヒ二世、ベルリン近郊ポツダムにてサンスーシ宮殿建設に着手。
１７５６	七年戦争勃発。プロイセン、フランスのポンパドゥール夫人、オーストリアのマリア・テレジア、ロシアのエリザヴェータ女帝による「三枚のペチコート作戦」に追い詰められる。
１７６２	エリザヴェータ女帝が病死。

【本書で取り上げた画家プロフィール（生年順）】

ザムエル・ゲーリケ（1665－1730）　シュパンダウ生まれの宮廷画家。1696 年に宮廷画家に任命され、プロイセン美術アカデミーでも教鞭をとった。

フリードリヒ・ヴィルヘルム・ヴァイデマン（1668－1750）　オッタースベルク生まれの宮廷画家。ゴドフリー・ネラーの指導を受ける。

アントン・グラフ（1736－1813）　スイス出身。フリードリヒ大王、シラー、哲学者のメンデルスゾーンなど数々の肖像画を残した。

F・G・ヴァイチュ（1758－1828）　ベルリン芸術アカデミーの画家（後に同アカデミー校長）。肖像画だけでなく、歴史画、宗教画、風景画まで幅広い作品を残す。

エドゥアルト・ゲルトナー（1801－1877）　都市景観を専門とする建築画家として活躍。多彩な光を使った建築物の描写が高く評価された。

アドルフ・フォン・メンツェル（1815－1905）　ブレスラウ生まれ。ヨーロッパの著名画家のうち、もっとも低身長だったことでも知られる。代表作『フリードリヒ大王のフルート・コンサート』。

カール・シュテフェク（1818－1890）　ベルリンで生まれ、プロイセン王立芸術アカデミーで学ぶ。のちにケーニヒスベルク美術学院長もつとめた。

フランツ・フォン・レンバッハ（1836－1904）　バイエルン州生まれの肖像画家。パリ万国博覧会で金賞受賞。ビスマルク、ヴィルヘルム一世など錚々たる顧客を得た。

アントン・フォン・ヴェルナー（1843－1915）　プロイセン王国の画家。普仏戦争に同行し、戦争や政治にかんする多数の絵画を遺した。後にベルリン美術アカデミー校長。

マックス・コーナー（1854－1900）　ドイツの肖像画家。ベルリン美術アカデミーでホルバインらに学ぶ。ヴィルヘルム二世の肖像画を多数描いた。

ジョン・シンガー・サージェント（1856－1925）　フィレンツェ生まれのアメリカ人画家。代表作に、『マダム X』『カーネーション、リリー、リリー、ローズ』など。

本文デザイン
宮城谷彰浩（キンダイ）

p.2-p.3 系図作成
デザイン・プレイス・デマンド

クレジット
p.11 Ullstein bild ／アフロ　p.25 ユニフォトプレス
p.29 Dimitry B. 2006　p.42 ユニフォトプレス
p.47 Ullstein bild ／アフロ　p.53 Artothek ／アフロ
p.66-p.67 Bridgeman Images ／アフロ
p.81 akg-images ／アフロ　p.90 Ondřej Žváček 2012
p.92 bpk ¦ Staatliche Kunstsammlungen Dresden ¦ Hans-Peter Klut ／
distributed by AMF ／ユニフォトプレス
p.96 Tomasz Lewandowski 2010　p.105 Berthold Werner 2011
p.110 Heritage Image ／アフロ　p.113 Velvet 2014
p.126 akg-images ／アフロ p.137 Bridgeman Images ／アフロ
p.143 Alamy ／アフロ p.144 Zp 2005
p.150-p.151 akg-images ／アフロ　p.152 akg-images ／アフロ
p.154 ユニフォトプレス　p.180-p.181 akg-images ／アフロ
p.188 Ullstein Bild ／アフロ

中野京子（なかのきょうこ）

作家・ドイツ文学者。北海道生まれ。『名画で読み解く ハプスブルク家 12の物語』『同 ブルボン王朝 12の物語』『同 ロマノフ家 12の物語』『同 イギリス王家 12の物語』（すべて光文社新書）、『怖い絵』シリーズ（角川文庫）、『名画の謎』シリーズ（文藝春秋）など著書多数。日本経済新聞をはじめ、新聞・雑誌に多数の連載を抱える。「怖い絵」展では特別監修を務め、大人気を博す。著者ブログは「花つむひとの部屋」https://blog.goo.ne.jp/hanatumi2006

名画《めいが》で読《よ》み解《と》く　プロイセン王家《おうけ》 12の物語《ものがたり》

2021年5月30日初版1刷発行
2021年7月30日　　4刷発行

著　者 ── 中野京子

発行者 ── 田邉浩司

装　幀 ── アラン・チャン

印刷所 ── 萩原印刷

製本所 ── ナショナル製本

発行所 ── 株式会社 光文社
東京都文京区音羽1-16-6（〒112-8011）
https://www.kobunsha.com/

電　話 ── 編集部03（5395）8289 書籍販売部03（5395）8116
業務部03（5395）8125

メール ── sinsyo@kobunsha.com

 ISBN 978-4-334-04539-5

光文社新書

1131

名画で読み解く プロイセン王家 12の物語

中野京子

フリードリヒ大王とビスマルクという傑物を擁し、世界最強国の一角に食い込んだプロイセン。ヨーロッパの原型を作った王家の217年間の人間ドラマを名画とともに繙く。

978-4-334-04539-5

1132

幽霊消防団員
日本のアンタッチャブル

高橋祐貴

活動をしていないのに自治体から一定の公金を受け取る「幽霊消防団員」。全国に広がる不正の実態がこれまで放置されてきたのはなぜか？　若手新聞記者が日本のタブーを斬る！

978-4-334-04540-1

1133

「女性向け風俗」の現場
彼女たちは何を求めているのか？

柾木寛

昼の顔は営業マン、夜の顔はあらゆるお客様に分け隔てなく接するセラピスト。性だけの繋がりゆえに彼女たちが教えてくれた、この国のジェンダーとセックスの本音。

978-4-334-04541-8

1134

理系研究者の「実験メシ」
科学の力で解決！　食にまつわる疑問

松尾佑一

太陽光でもお米は炊ける？　なぜ超音波をかけるとお酒は美味しくなる？　食にまつわるふとした疑問。大学教員が自ら実験して確かめる！　食欲と知識欲を刺激する異色の食エッセイ。

978-4-334-04542-5

1135

在宅医療の真実

小豆畑丈夫

在宅医療は「より良く生きるため」の手段／初めてでもうまくいく在宅医療の受け方／家族の負担をなるべく軽く――在宅医療に関わる救急医が、込み入った全体像を丁寧に整理・解説。

978-4-334-04543-2